MIMMO CÁNDITO

55 vasche

Le guerre, il cancro e quella forza dentro

Rizzoli

ISBN 978-88-17-08606-6

Prima edizione: gennaio 2016
Seconda edizione: gennaio 2016

55 vasche

1

La matita del dottor Levi

La paura di morire, la prima volta, mi prese in un tempo lontano da oggi, ma lontano davvero se il tumore allora non aveva ancora un nome, tutti lo chiamavano "quel brutto male", e lo dicevano a voce bassa, bassi anche gli occhi, come per vergognarsi. Io, quel giorno, anzi quella notte, ero a Beirut, la capitale del Libano, tagliata in due da una guerra che sarebbe continuata ancora per quindici anni.

Non ero mai stato in guerra, prima. Avevo già raccontato l'America Latina e i suoi guerriglieri, ma erano frange d'un mondo che subiva conati di rivoluzione senza frantumarsi. La guerra no, la guerra squarcia una storia da dentro, non lascia spazi vuoti, consuma vite, speranze, illusioni, consuma passato e futuro. Io, ancora non lo sapevo; cominciai a impararlo da quel giorno di Beirut, all'Hotel Commodore.

Già arrivare in albergo non era stato facile, dalla strada dell'aeroporto si sparava e da una parte c'erano i palestinesi e dall'altra i maroniti libanesi. E non era soltanto lo scontro a fuoco con le armi leggere, tiravano anche cannonate e l'aria se ne riempiva con tonfi sordi. «Questa è in uscita» mi dicevano, *outgoin'*, oppure no, «questa arriva», *incomin'*. E io imparavo.

Ero emozionato, ma l'emozione non era ancora paura. Forse perché, fuori, per strada, c'era la luce forte del giorno, o forse, piuttosto, perché in quel momento la curiosità, la voglia di capire, si rubavano le mie emozioni.

Ma quando me ne andai a dormire, e Beirut era nera del buio cieco, e gli scontri a fuoco si avvicinarono che li sentivo quasi sotto la finestra con i pick-up che andavano sgommando e i cannoncini che tiravano, allora sì che l'emozione si trasformò di brutto, e mi sentii in trappola, che non sapevo che cosa fare, come comportarmi, dove proteggermi.

Era la metà degli anni Settanta, e oggi ne rido, ma quella notte mi buttai sotto il letto, vestito, pensando che comunque il materasso un po' di protezione me la poteva dare. Mi addormentai, anche, per qualche attimo, perché prevalse la stanchezza; ma poi mi tirai su, e decisi che tanto valeva farsi animo, e che, se la cannonata arrivava, certamente non sarebbe stato un materasso a salvarmi.

Dormii fino a mattinata tarda, pacificato con me stesso.

Oggi che la morte l'ho sfiorata anche lontano dalla guerra, e che il tumore è stato ad appena un soffio d'aria da me, un soffio che poteva spengersi in ogni momento, quella paura di morire non ce l'ho più ormai da tempo. Ma anche chi scampa dal cancro resta comunque un sopravvissuto, uno cui la sorte ha fatto un regalo che vale la vita. E in America, dove anche la vita e la morte possono diventare materiale profittevole nel mercato della comunicazione e dei consumi, ne hanno fatto perfino un club, i Survivors, con i suoi spot colorati in Tv e, sotto, una musichetta dondolante, che sa di melassa: iscrivetevi, sarete più felici.

Il tumore, comunque, se non ne muori muta lentamente, a farsi una memoria delle tante, che va sbiadendo la sua spietata drammaticità e diventa un ritaglio qualunque della tua vita; proprio come quando il tuo lavoro di reporter ti sbatte via per il mondo a raccontare una guerra: l'Afghanistan, i deserti pietrosi dell'Iraq, il Congo delle sue foreste e dei suoi mille popoli, la Somalia. Sono storie, tutte, allo stesso modo orrende, che puzzano di morte, di piscio, e di sudore, e però ormai ti ci sei abituato, e allora nemmeno ti prende più l'affanno di quelle prime volte, ma solo l'angoscia disperata di non capire, più che una paura della morte.

Perché ora, dentro di te, capire conta assai più di qualsiasi paura, anzi la cancella, la paura: dà identità, consistenza concreta, a una realtà che all'inizio, quando arrivi in guerra, ti si mostra invece ambigua, angosciosa comunque, e che senti che non riesci a piegare al tuo bisogno di sapere per poterne tentare un controllo. Certo, in una guerra si giocano mille destini, o anche centomila, mentre nel tumore ci sei soltanto tu. Ma quel gioco disperato, per te è lo stesso, vale la vita e la morte. E tu vuoi capire.

Io l'ho scoperto, di avere un tumore, che nemmeno sembrava possibile che fosse quella roba lì.

Nel nostro immaginario, il cancro è una sorta di bestia infida che scatena reazioni emotive fuori da qualsiasi controllo; basta il soffio appena sussurrato di quella parola – tumore – perché ancora oggi si apra uno scenario dove tutto è segnato da un'ombra di morte inevitabile, i volti afflitti, i toni sommessi, uno sguardo che si fa subito commiserevole, e il rapporto con il malato si costringe di atti formali, come se già si fosse al funerale e un cordoglio muto e partecipe dominasse l'attesa.

Quella mattina lì, ero in braghe corte, una t-shirt con il faccione striato di Bob Marley, e un paio di espadrillas colorate dal mare.

Era l'estate del 2005, ed ero a Miami per raccontare della vita ribelle e dei sentimenti dei cubani esuli, scappati dall'isola di Castro e rifugiati in Florida. Sono più di un milione, e hanno un gran peso nella politica americana: non soltanto influenzano le decisioni del Congresso a Washington con la loro rabbia antica, contraria a qualsiasi allentamento dell'embargo verso l'Avana, ma il loro appoggio incide sul risultato delle elezioni presidenziali perché la Florida è uno degli Stati dell'Unione con le più alte quote di voti "elettorali".

Da quando film di gran successo popolare, levigatissime serie televisive, e intere pagine di star sfrenate nei giri dello showbiz, ne hanno fatto il centro di racconti e di curiosità irresistibili, Miami, le sue discoteche, gli struggenti alberghi déco di Ocean Drive, sono diventati un orizzonte perdutamente felice, di spiagge bianche, mare blu, e follie mondane, una pellicola colorata che mima l'illusione d'una vita reale anche se poi per strada non sempre incontri Christian De Sica e nemmeno Bobo Vieri o le modelle dell'Olgettina.

A viverci dentro, però, i suoi giorni hanno ben poco delle disavventure lustre che i fratelli Vanzina raccontano al cinema, o dei misteri inquieti del *Miami Vice* che t'incolla al televisore; ma nel costume locale le braghe corte e le t-shirt restano di fatto l'uso comune dei giorni qualunque, per tutti. Anche quando vai in ospedale.

In quei giorni, e da qualche tempo, piegandomi a scrivere sulla tastiera del computer provavo un dolore intenso tra spalle e nuca. Cercavo di fare esercizi di relax, lievi massaggi distensivi, rotazioni lente della testa; ma senza un risultato apprezzabile. Per questo, alla fine, decisi di andare da un medico.

Il Mount Sinai Hospital, a Miami Beach, è quello che i tecnici definiscono «un presidio d'avanguardia», un grande ospedale con una decina di lunghi edifici di vetro e cemento distesi tra giardini di alte palme verdi e il blu intenso dell'oceano che si perde dentro l'orizzonte. La Florida, Miami, Palm Beach, sono, ormai da tempo, l'ultimo rifugio dei pensionati americani di buon reddito, soprattutto gli ebrei americani.

Sole, mare, e il clima affettuosamente sempre caldo, danno un ristoro gradevole alle vecchie ossa segnate dal tempo, e gli ebrei della Florida – aiutati anche da un opportuno sgravio fiscale – usano lasciare ricche donazioni a questo ospedale che li assiste nel loro percorso finale, tanto più volentieri perché proprietà e gestione medico-amministrativa sono d'una società di capitale ebraico (il nome stesso che identifica ciascuno di quegli edifici, e le decine di targhe cementate nelle pareti dei lunghi corridoi del Mount Sinai, ricordano la generosità delle famiglie che hanno voluto ringraziare per l'assistenza ricevuta: e sono, tutti, nomi di evidente origine ebraica).

Avevo scelto quell'ospedale perché ci lavora una mia giovane amica, uno dei tanti "cervelli in fuga" dall'Italia, Francesca Gallarello, cardiochirurga di solida fama. Francesca mi portò da un suo collega, il dottor Levi, un vecchio medico internista, molto cortese, quieto nei modi e nelle parole.

Confesso che mi dava una sensazione assai rassicurante andare per quei lunghi corridoi silenziosi, incrociando giovani medici sorridenti con camici verdi che sembravano convincenti comparse del *Dottor Kildare*. Gli ospedali per i quali ero solito passare erano ben altro da questo compound di Miami Beach: in Africa, in Medio Oriente, in Asia, ho visto medici e infermieri operare tra rovine e macerie con camici di sangue e lordura, camere operatorie sventrate dai colpi, letti trasformati in ammassi di polvere, e il sangue e l'etere, e l'urlo disperato dei feriti, come unici segnali sopravvissuti d'un presidio sanitario. Nell'ospedale di Ajdābiya, sollevando per dovere di curiosità il coperchio d'un basso frigorifero che ancora andava grazie all'innesto d'un generatore, mi trovai davanti a un cadavere schiacciato a forza in quel piccolo spazio come un manichino senza ossa, le gambe e le braccia svitate, e la bocca orribilmente spalancata nell'urlo del dolore che lo torturava a morte. A pochi metri, un medico stava tagliando una gamba, senza anestesia, sotto una finestra sfondata. Le guerre non risparmiano più nemmeno gli ospedali; le leggi internazionali della guerra impongono ai combattenti di considerarli territorio neutrale, ma è una delle tante ipocrisie che nessuno finge ormai di rispettare.

Nella stanzetta linda e silenziosa del Mount Sinai, il dottor Levi chiuso nel suo camice bianco, la voce bassa, ascoltava attento il racconto del mio problema, e con brevi cenni del capo conveniva intanto che la mia ipotesi – un qualche problema alle vertebre cervicali – avesse molte probabilità d'essere una diagnosi convincente. Mi auscultò, mi invitò a fare alcuni movimenti del collo e delle spalle, saggiò i muscoli, e alla fine decise che sì, c'era sicuramente un qualche problema alle prime vertebre, ma che un paio di infiltrazioni di cortisone avrebbero attenuato il dolore e forse avrebbero anche ridotto la rigidità dei miei movimenti.

«Intanto, però, una radiografia io la farei ugualmente, in modo da accertare con precisione il grado di schiacciamento della colonna, là, nella regione del collo.»

Non avevo obiezioni, la richiesta mi sembrava sensata. Avevo soltanto una qualche fretta di andarmene: era una bellissima mattinata, nient'affatto rara a Miami, ma particolarmente calda e luminosa quel giorno, con un vento lieve che attenuava la presa del sole; e io avevo voglia di fare un gran tuffo nell'oceano (sotto le braghe, indossavo già il costume da bagno; terminata la visita, sarei andato direttamente in spiaggia, dall'altra parte della baia, in pochi minuti d'auto).

Quando il tecnico portò nella cameretta dello studio medico la lastra della radiografia, il dottor Levi l'infilò nella cornice della vetrina illuminata, e stette a osservarla. Ci stette però a lungo, troppo a lungo, mi sembrava di notare; e, anche, mi parve che stringesse un po' le labbra come a concentrarsi, mutando l'espressione del viso in una sorta di contrazione segnata da un lieve tentennamento.

«C'è qualcosa che non va, dottor Levi?» Era una domanda fatta per chiedere una risposta comunque, senza che avessi ancora alcuna preoccupazione da quel lungo silenzio muto; al massimo, provavo un'ombra vaga di incertezza, come di qualcosa che però, alla fine, nemmeno mi riguardava. Stavo bene, ero in piena forma, viaggiavo per il mondo, amavo il sole e il mare. Tutto avrei potuto immaginare, meno che quello che il medico stava per dirmi.

Lui non rispose subito. Soltanto, si avvicinò ancor più alla luce opaca della vetrinetta, come a decifrare meglio la lastra appesa sullo schermo, con il disegno in bianco e nero del collo e del mio torace. Guardai lui, allora, e poi guardai anch'io la lastra, e poi di nuovo lui e il suo silenzio, e non so ancora perché ma mi venne un lampo. «Dottor Levi, ma c'è mica un tumore?»

Non sono un fumatore, non ho mai fumato, e anche se in quella radiografia vedevo il disegno del mio busto, il collo, il torace, la colonna vertebrale, i polmoni, anche i polmoni certamente, però io in ospedale c'ero andato a farmi visitare per un problema che con i polmoni non aveva proprio nulla a che fare. E dunque, perché quella sua matita che si era avvicinata al disegno dei polmoni, e ne sfiorava il tracciato, segnando nell'aria un piccolo cerchio?

Non provavo alcun affanno, soltanto il desiderio di sapere che cosa potesse contenere quel silenzio perplesso. Il mio lavoro a raccontare le guerre e gli uomini che le fanno, e le vite ridotte in macerie, le distruzioni, la disperazione dei sopravvissuti, la puzza dolciastra della battaglia appena passata, quel lavoro si accompagna sempre con la presenza della morte: la morte sta lì con te, accanto a te, nelle corse che fai sul terreno per cercare un riparo, nei tiri che ti sfiorano sibilando come frustate rapide dentro l'aria, negli occhi di paura e di terrore dei soldati, nei cadaveri che si disfano sulla terra; sta lì e sai però – lo sai, lo pensi, dentro – che mai ti prenderà.

Tuttavia, questa presenza, costante e però inafferrabile, mi ha anche dato un ordine mentale dove la linea che separa vita e morte è segnata appena, forse già indistinta, come se ormai l'una e l'altra, la vita e la morte, sfuggissero al dovere di differenziarsi, e si fondessero invece in uno spazio comune, lo stesso per entrambe.

Forse la matita del dottor Levi stava disegnando un destino, e però, ancora, io provavo soltanto curiosità.

«Sì, forse...Vede questa grossa macchia biancastra, lì, in alto, sul polmone a sinistra, be' quella non dovrebbe proprio esserci. Non so se sia davvero un tumore, però devo dire che lo sembra. E bisogna accertarsene, subito... Ma lei fuma, molto? Ha molta tosse, dolori al petto?»

Lo guardavo stupito, e all'improvviso sentivo che qualcosa era cambiato: che una ipotesi astratta, che avevo tirato dentro con leggerezza, quasi per un dovere di compiacenza verso il medico, ora forse diventava una realtà concreta, anche drammatica.

Non ne avevo la misura certa, non riuscivo a capire bene che cosa quelle parole del dottor Levi significassero davvero per me, per la mia vita, anche per ciò che in quei giorni banalmente stavo facendo, le interviste, i bagni nell'oceano, il sole forte. Però mi ritrovai improvvisamente nella stretta brutale delle emozioni che l'idea del tumore scatena dentro lo stomaco, a solo sentirne il nome.

Ci credevo, forse, ma in realtà non ci credevo ancora.

Mi guardai il petto, lì, a sinistra, come se quella grossa macchia biancastra della radiografia si fosse ora trasferita sulla carne del mio torace nudo, quasi a disegnarne un imprevedibile tatuaggio. Non avevo paura, soltanto un'accelerazione dei miei pensieri e del respiro, la stessa angoscia, lieve, controllabile e però sensibile, che mi prende ogni volta che – in un territorio dove si sta combattendo – entro in una zona dove ti muovi senza più riferimenti e senza garanzia alcuna, solo con te stesso e con il tuo respiro accelerato, e senti nell'aria i colpi dello scontro a fuoco, il tonfo sordo del mortaio, il razzo che fischia su di te e ti butti subito a terra e schiacci la faccia nella polvere e non sai mai come finirà.

Poi, in realtà, sai sempre che finirà che ti alzi e vai avanti. E vedi i cadaveri squarciati dietro l'angolo d'un muro sbrecciato, la puzza della carne arsa, le urla dei soldati che si fanno coraggio correndo verso nulla e hanno gli occhi sgranati della morte, ma tu continui ad andare. Perché è il tuo lavoro, e perché vuoi saperne di più, vuoi avvicinarti ancora più a quella linea invisibile dove vita e morte hanno la stessa faccia, e tu ci devi essere. Per capire.

Quando qualcuno ti rivela che hai un tumore – soprattutto se questa notizia ti arriva improvvisa, senza che ci siano stati segni d'un allarme che possa averti dato una qualche preparazione psicologica – la prima reazione non tiene nemmeno conto della dimensione reale di quella notizia; piuttosto, la proietti, inevitabilmente, nello scenario ingannevole dentro il quale tutti consumiamo le nostre conoscenze del cancro, conoscenze fatte di approssimazioni, pregiudizi, informazioni raccogliticce, soprattutto paure inconsce liberate per esorcizzare il timore d'un qualche "contagio", quasi che, anche soltanto a parlarne, l'ombra inquietante d'una contaminazione possa sfiorarti e prenderti via con sé.

E quando ne parlo, io stesso avverto in coloro che mi stanno ascoltando una sorta di impaccio mal frenato, un imbarazzo che la cortesia – o una ipocrisia prudente – nasconde sotto le buone maniere dell'interessamento solidale, della comprensione dovuta a un'amara disgrazia. Ricordo che quand'ero ancora un bambino, a Reggio Calabria, mi aveva sempre colpito l'espressione che la mamma pronunciava quando qualcuno le comunicava una brutta notizia: un incidente serio, una malattia grave, una disgrazia (non dico il tumore perché che ci fosse "il tumore" lo scoprii più tardi, quando, da adolescente, seguii il misterioso male che lentamente segnava la decadenza fisica di papà, fino alla sua morte). Alla brutta notizia, la mamma diceva a bassa voce: «*A logu soi*», e quasi faceva il segno della croce; quelle parole in dialetto – «Che se ne resti in quel suo luogo» – esprimevano il desiderio intenso di un tenersi a distanza di sicurezza dalla "disgrazia", di non esserne coinvolti nemmeno lontanamente, facendo prevalere la paura, e la difesa della integrità della propria vita, su qualsiasi ragionevole dichiarazione verbale di solidarietà.

Più tardi, nelle lunghe notti a occhi aperti che trascorrevo sul mio lettino del Mount Sinai, la testiera leggermente sollevata, lo sguardo che passava oltre la grande vetrata fino a perdersi sullo spettacolo bello e crudele dello skyline di Miami, al di là della baia, rimuginavo su quell'*a logu soi* e sul senso delle ragioni che lo esprimevano. Mi chiedevo quanto forte dovesse essere l'angoscia del "contagio" della disgrazia, se riusciva a cancellare perfino l'ipocrisia ovvia, scontata, d'una qualche compartecipazione al dolore altrui; e trovavo una spiegazione nel tempo fisico di quegli anni ormai lontani, quando la mia mamma – e la cultura che le sue dichiarazioni istintive, d'impatto, esprimevano senza freni di convenienze – rappresentava una società ch'era uscita via dalla guerra e dai suoi dolori soltanto da pochi anni. Era un Sud ancora profondamente contadino, segnato da una dura difficoltà di vita, dove il futuro di ciascuno, e il bisogno di proteggerlo a denti duri, contavano assai più di qualsiasi altro sentimento sociale. Ritornavo con la memoria alla lettura di Verga e del suo *I Malavoglia*, e alla traccia che me n'era rimasta, d'un mondo dove la quotidianità del vissuto, aspra, difficile, contorta, è sempre una lotta di sopravvivenza. Il verismo squarciato di quel racconto, e il suo impatto forte nell'immaginario emotivo d'un adolescente, mi hanno accompagnato a lungo, forse tradendo anche il valore reale del romanzo, il suo senso assai più complesso; e devo confessare che quando ripensavo a quell'*a logu soi*, e alla sua profonda contraddizione con la generosità d'animo che, invece, la mia mamma sempre dimostrava, mi veniva forte la voglia di rileggere Verga, per capirne meglio la profondità e trovarvi, magari, io lo speravo, la conferma delle mie riflessioni.

Ma poi non l'ho fatto. Quando il tumore si è portato via il tempo, e con il tempo anche la sua storia finita, allora il desiderio di vita cancella ogni progetto e ogni memoria; il ricordo della sofferenza forse resta, ma latente dentro l'animo, non affiora mai, anche se condiziona ugualmente ogni scelta, impone, detta – senza che se ne veda l'impatto – decisioni ed emozioni. E un comportamento, una decisione, che magari sono il prodotto d'una selezione difficile, tormentata, in un qualche livello dell'inconscio, appaiono invece come un atto naturale, spontaneo, privo di qualsiasi implicazione razionale. Ma la sofferenza, dentro, non si cancella più.

Guardavo quel vecchietto con il camice bianco e però non lo vedevo; la mia testa, il respiro accelerato, la fronte che ora sentivo aggrottata, mi tenevano altrove.

«Allora, andiamo! Venga con me.»

Si mise in moto una macchina di rapida efficienza, che pareva davvero uno di quei telefilm americani dove i dottori sono gli eroi senza nome e tutto fila liscio nel racconto dell'emergenza. Qualcuno mi chiese di avere la mia carta di credito, altri mi caricarono su una lettiga con due infermieri, e passai per corridoi vuoti e ascensori senza rumore. Fu un trasferimento lungo, in un silenzio sfiorato soltanto dal cigolio leggero delle piccole ruote della lettiga e affollato però dai miei pensieri, dove la curiosità – la voglia di sapere e di capire – sopravviveva ancora ma, ora, doveva convivere con quella parola a me prima sconosciuta. «Un tumore, sì, forse. Un tumore.»

Fu tutto veloce. Mi infilarono in macchinari che mai avevo visto e sembravano scenografie inquiete di pellicole di fantascienza, e respiri, non respiri, ora non si muova, ora alzi le braccia sopra la testa, ora non respiri, ora fermo. Grazie, si rivesta.

Mi ritrovai in una cameretta con un lettino bianco e, appeso al muro, un piccolo televisore spento, ero disteso sulla coperta, due cuscini dietro la schiena. Il dottor Levi lo avevo perduto da tempo, ero solo. A sinistra, una grande finestra mi spalancava addosso il cielo squillante della Florida, con le palme al di là della baia piegate dalla brezza del mattino e il blu dell'oceano che si muoveva sotto la luce intensa, punteggiato dalle spume bianche delle onde lunghe.

Non pensavo davvero a nulla. La curiosità ormai se n'era andata via da tempo, e l'ombra dell'affanno l'avevo subito perduta nei miei giri dentro quelle macchine, con la voce metallica che da dietro un qualche muro dava ordini che ascoltavo indifferente. Respiri, ora non respiri, ora respiri, ora alzi le braccia al di sopra della testa, ora si stenda supino.

Bussarono con un tocco lieve. Sulla porta si mostrò un altro dottore, alto, giovane, senza un sorriso. Aveva un piccolo fascicolo azzurro sotto il braccio, mi diede la mano. «Sono Rogerio Lilenbaum, l'oncologo.»

Nemmeno si sedette, sulla sedia che stava ai piedi del lettino. Io lo guardavo, e guardavo quella cartella azzurra, e aspettavo. Si avvicinò, rigido, serio: «Qui ho i risultati degli esami che le abbiamo fatto. Devo dirle che l'ipotesi iniziale è stata accertata, e tutti i dati ora lo confermano. Lei ha realmente un tumore. Ma il suo tumore, la dimensione, la localizzazione, lo rendono inasportabile. Lei, devo comunicarle, non ha speranza di sopravviverne».

Si sporse leggermente in avanti, e mi diede nuovamente la mano. Nuovamente senza un sorriso. Poi andò via, e io restai solo con me stesso.

E con quella roba lì, il tumore.

2

Zero virgola zero

Guardavo la grande finestra e il cielo e il sole forte, e le palme che tagliavano l'orizzonte dondolando nella brezza del mattino; ma non vedevo nulla. La testa se n'era andata via, avevo soltanto una gran voglia di piangere.

Non piango quasi mai. Ma non perché ne provi vergogna, no, nient'affatto; piangere mi consola, mi dà conforto, e talvolta – pur dopo tanti anni di storie e reportage diretti sui campi di battaglia – mi accade di esserne tentato quando, in guerra, vedo la disperazione assoluta degli uomini, il loro tormento senza parole, anche le loro lacrime asciutte, che nemmeno s'aspettano compassione, tanto sono perdute a qualsiasi prospettiva di vita. Però il mio pianto resta dentro gli occhi, e io stringo le labbra per tenerlo bloccato in fondo alla gola; sono troppo privilegiato rispetto a quelle disperazioni, io, per poter immaginare che loro – quegli uomini, quelle donne – ne possano accettare una condivisione. Se lo liberassi ai loro occhi, lo sentirei come una spregevole ipocrisia, perché la mia vita comunque è altrove e altrove io alla fine la consumo, mentre per loro la loro storia non cambierà mai.

Ora, qui, in quella stanza, gli occhi mi si gonfiarono di lacrime perché, invece, volevo piangere su me stesso, sul mio tempo che si chiudeva per sempre, su uno strappo improvviso e crudele che mai avevo immaginato in un letto d'ospedale, tra le lenzuola candide e il mare, il mare che quel mattino mi avrebbe aspettato inutilmente.

Chi fa il reporter in guerra sa di viaggiare con la morte tra i propri passi, oggi più che mai, perché l'uccisione in guerra d'un giornalista è usata dai suoi assassini come una sorta di feroce legittimazione politica del loro ruolo e della loro forza; ma il reporter sa anche – lo crede fermamente, se ne fa coscienza e scudo – che la morte guarda comunque altrove, sta tra i soldati che nascondono la paura, o tra i miliziani assatanati d'orgoglio e di terrore, e ancor più spesso sta tra la gente senza nome, senza storia, senza divisa, uomini e donne che restano a terra con le braccia aperte a crocefisso, o rannicchiati come dentro il ventre di una madre spietata; e però lui no, la morte lui, il reporter, non lo avrà mai.

E poi, comunque, se mai dovesse incontrarla sui propri passi, nemmeno lo saprebbe. L'ha incontrata, e stop, la storia finisce. Non come ora, che invece arriva uno con la cartellina azzurra e ti dice: «Ehi, guarda che hai un tumore e non c'è niente da fare, stai per morire».

E se ne va chiudendosi la porta alle spalle. Niente cannonate, ora, niente kalashnikov o bazooka, ma solo la morte da aspettare, che è poi come stare alla fermata del tram che sai che prima o poi arriverà e però tu non puoi far nulla. Devi solo aspettare, stupidamente, come il tuo destino che se n'è già andato via.

Ora, che cosa faccio? mi chiedevo. Un conto è se la morte ti prende di colpo, che nemmeno ci pensi, e altra storia invece è quella dove tu sei solo il protagonista stordito d'una pellicola che non ha grandi sceneggiature né technicolor squillanti ma soltanto la fine miseranda d'una malattia che ti consumerà dentro, poco alla volta, giorno dopo giorno, rubandoti perfino la dignità di te stesso.

Con un dolore quasi fisico mi apparve l'immagine di mio padre, malato anch'egli di un tumore, che trascinava i suoi ultimi giorni nei passi stanchi di casa, chiedendomi di appoggiarsi sulle mie spalle, e io adolescente non sapevo come comportarmi, incerto, timoroso, turbato da quella larva d'uomo che si consumava nella carne, e lentamente, giorno dopo giorno, perdeva l'identità con cui l'avevo conosciuto da sempre, la sua forza virile, la sua autorità indiscussa, mentre noi ragazzi – io e i miei fratelli – dovevamo fingere di non sapere che il suo "brutto male" se lo stava divorando, che ormai lui era soltanto un morto che camminava.

Ora, in quella cameretta del Mount Sinai, io ero già lui, e stringevo gli occhi per tener dentro le lacrime, e dal fondo oscuro della memoria riaffiorò il giorno che papà mi chiese di accompagnarlo in bagno, e io restavo sulla porta, imbarazzato, pudico, e lui che mi chiedeva di andar dentro, ché non si reggeva, ché si sentiva cadere, e io, senza ancora saperlo quel giorno, subivo l'amarezza di osservare incerto quello che ora, invece, vedevo lucidamente come una perdita della dignità e del senso di sé, nella debolezza che porta alla morte.

Pensavo al giorno in cui papà morì, che tutti piangevano, e si disperavano, e io sapevo che quando uno muore si piange e io, invece, il pianto lo avevo consumato nei giorni e nelle settimane precedenti e ora non ne avevo più, e allora me ne stavo a capo chino, appoggiato a un tavolo, con la testa tra le braccia, perché si potesse immaginare che anche io piangevo mentre, in realtà, pensavo soltanto a come nascondere questa mia colpa, questa mia rottura d'una convenzione rispettata.

«Non ha speranze di vita» mi aveva detto ora quel dottore; era stato crudelmente diretto, perché in America – se il medico non parla chiaro al suo paziente – poi il malato o i suoi familiari magari lo citano il tribunale per danni da milioni di dollari: ah, se ce lo avesse detto. Ma Lilenbaum a me lo aveva detto, e davvero non avevo possibilità alcuna di malintendimento; ora, piuttosto, il problema era come gestire la mia morte (proprio così mi dicevo nella mia testa: "gestire la morte", che faceva della mia vita già una pratica burocratica, e le lacrime già non le avevo più e cominciavo a pensare come raccontare a Marinella una qualche storia che fosse una verità possibile ma camuffata).

Il tumore. Come dovevo comportarmi, ora che quel dottore con poche parole dirette mi aveva dato la sentenza della condanna? Che si fa? Si aspetta la morte, giorno dopo giorno? E a Marinella, mia moglie, come dirglielo tentando però di procurarle il minor dolore possibile? Già, quali parole, che tono, quali frasi, per lei che per anni e anni mi vedeva partire con la mia sacca da guerra e fingeva di sorridermi, e si teneva dentro il dolore, o forse anche la paura, per lasciarmi comunque libero di vivere, o di morire.

Francesca entrò senza bussare. Aveva gli occhi lucidi, anche lei che pure è abituata alla gente che muore nel lettino e però lei fa di tutto per salvarli. E se ci riesce, ne è felice come solo nei vecchi dagherrotipi stilati dalla «Domenica del Corriere».

Francesca è uno di quelli che chiamano i "cervelli in fuga" dall'Italia. È una cardiochirurga di alta qualificazione, che se a Miami c'è qualcuno che ha un infarto o sta per finirci dentro, allora chiamano subito lei, la Francesca. Alta, bionda, sposata a un medico che, anche lui, Andrea, è un "cervello in fuga" e quando provò a rientrare gliene fecero tante che riscappò di corsa da Roma e ormai non ci pensa più, Francesca è davvero un medico di quelli d'una volta che soffre e gioisce con i suoi malati. E ora, eccola lì, davanti al mio lettino, con la pena che le segnava il viso.

Ma intanto, i miei occhi si erano asciugati dentro.

Non avevo più da commiserarmi, ero tornato sereno ora che c'erano cose da organizzare, scelte da fare, per chiudere una storia che comunque sentivo già chiusa. Quante volte – in fondo – mi ero trovato dentro pasticci assai brutti, che uscirne vivi o morirne non faceva granché differenza. Basta lacrime, perciò: ora dovevo organizzarmi la mia morte. «Franci, come lo diciamo a Marinella?»

Francesca mi guardò incerta, recuperando lentamente il controllo: «Diremo che hai una brutta polmonite... Che devi fare tanti controlli. Che dovete imparare a convivere con una condizione di emergenza perché i polmoni sono malmessi», e con le mani accompagnava la forza delle parole.

Poi mi abbracciò. «Ma io non ci credo, che non ci sia nulla da fare. Ora vado a parlare con Rogerio, siamo vecchi amici, lui mi vuole bene. Ora gli vado a dire che ti deve salvare, che deve tentare l'impossibile perché non è giusto che tu muoia così. Non ci posso credere, e non ci voglio credere.»

Mi abbracciò ancora, mentre io pensavo confusamente che ecco, il viaggio delle menzogne e delle mezze bugie era già cominciato, e dunque dovevo badar bene a non vendermi illusioni. La morte non la puoi ingannare, e io – mi dicevo – se proprio devo morire, almeno voglio morire senza lasciarmi scivolare nelle autoassoluzioni del pietismo.

Intanto, questa storia imprevista, che mi era precipitata addosso che quasi non le credevo, la sentivo comunque estranea, nient'affatto mia; sì, c'era il tumore, c'era una morte inevitabile, ma non riuscivo a vedermene coinvolto. Passata la prima emozione, ora mi trovavo – quasi istintivamente – a dare un ordine razionale ai comportamenti; la realtà mi si imponeva nella sua nuda, e anche cruda, oggettività, e io però ne restavo fuori, come uno che guarda, osserva, decide, ma non fa parte del tracciato che si va disegnando. Anche se questo tracciato è poi la "tua" vita, e la "tua" morte.

Non sapevo, non so tuttora, se questa "estraneità" dipendesse dal fatto che il tumore in quel momento veniva avvertito da me come una struttura chiusa, un corpo intruso all'interno del mio corpo, e non una delle tante malattie che ti possono colpire ma restano diffuse temporaneamente nell'organismo. Non avevo avuto mai malanni seri, sì varie fratture, sette in tutto, e alcuni strappi muscolari, che avevano bloccato lo sviluppo d'una possibile vita sportiva di successo, ma null'altro.

Soltanto una volta, da ragazzo, e papà era morto da qualche settimana, mi strapparono alla morte tirandomi via proprio all'ultimo minuto. Vivevo ancora a Reggio Calabria, ero studente della terza media, e un pomeriggio un fortissimo dolore allo stomaco mi costrinse a lasciar la scuola e trascinarmi a casa. Il dolore mi tormentava senza tregua, e il dottore, alla fine, venne a visitarmi soltanto perché era un amico di famiglia; venne che era già notte, ascoltò il racconto, e i lamenti, mi fece alzare una gamba e piegare un ginocchio per vedere la reazione del dolore, e fece la sua diagnosi: appendice perforata, peritonite, e grave. Bisogna intervenire subito.

Non fu facile. Nel "profondo Sud" di quel tempo lontano, la socialità, le cure sanitarie, i servizi di assistenza, erano pratiche ancora approssimative, affidate alla buona volontà di ciascuno piuttosto che a un dovere di efficienza. E fu soltanto perché il mio dottore era molto amico del primario chirurgo dell'ospedale cittadino che, alla fine, fu approntato un intervento d'urgenza.

Mi portarono in sala operatoria alle cinque del mattino, che ancora era buio. Bruciato dalla febbre alta, guardavo stranito le attività che si svolgevano attorno a me: mi stesero sul lettino, mi lcgarono le braccia da una parte e dall'altra del giaciglio, perché non potessi muoverle, mi legarono anche le gambe, alle caviglie, e il chirurgo iniziò l'incisione.

Avevano tirato su, in verticale all'altezza del torace, davanti al viso, un panno bianco, perché io non potessi vedere; ma quella cortina non m'impedì di andar oltre con gli occhi e di guardare l'operazione nel riflesso del vetro del grande lampadario che, su in alto, sovrastava il lettino dell'intervento.

Non so ancora per quale ragione non mi avessero praticato un'anestesia totale, e nemmeno so se vi fu una qualche anestesia locale, ma, urlando per il dolore, potevo seguire nello specchio parabolico l'intervento: vedevo il bisturi che incideva la carne, i divaricatori che aprivano i tessuti per consentire ai ferri di arrivare giù, all'interno, verso l'appendice, e poi la resezione. Guardavo, affascinato il lavoro del chirurgo, il taglio, lo strappo che sentivo da dentro lo stomaco e che mi prendeva fino alla gola; non volevo guardare, per sfuggire al dolore che mi tormentava, e però i miei occhi restavano attaccati alle immagini riflesse di quel vetro, sotto il bianco netto delle lampade. Il sangue scorreva, io urlavo, mi dibattevo tentando di liberare le gambe, e soprattutto le mani, e mi sentivo morire per il dolore. Lo gridavo al mio dottore, che assisteva il primario, e lui chiese che un infermiere mi iniettasse della morfina nel torace, per due volte.

Terminarono che era ormai l'alba, e sentii che si dicevano che – se soltanto avessero tardato d'un paio d'ore l'intervento – io probabilmente sarei morto per la gravità dell'infezione. Restai bloccato a letto per quasi quaranta giorni, con un tubicino di gomma inserito dentro il taglio dell'intervento, a stomaco sempre aperto, in modo che potesse avvenire lo spurgo del materiale infetto. Quando, un mattino, mi consentirono finalmente di mettermi a sedere nel letto, svenni.

Non so se sia nata in quel mattino difficile, ma da quanto ricordo ho sempre avuto una soglia del dolore molto alta, capace di reggere a lungo il tormento del male; e questo mi ha aiutato molte volte, in situazioni critiche, nei pericoli che accompagnano chi sta dietro qualche battaglia. E non so se sia nato in quel mattino difficile, ma quando in qualche guerra mi son trovato a dover raccontare interventi chirurgici disperati, e il medico doveva intervenire senza anestesia, scontando le urla disperate del ferito, e i compagni tenevano fermo, più o meno immobile, l'uomo che forse stava per morire, nel sangue, nello sporco di tende improvvisate, nell'odore intenso di qualche tampone d'alcol o di etere, mi è sempre tornato addosso l'ospedale di Reggio, e mi si è scatenata la rabbia dura di quei legacci che mi tenevano stretto al lettino ma, anche, la forza convinta che quel taglio, quelle amputazioni, quel dolore, avrebbero salvato una vita. Com'era accaduto a me.

Ora, steso nella cameretta sterile del Mount Sinai, ancora non associavo la notizia del tumore all'idea del dolore; la fortunata insistenza del dottor Levi per una radiografia aveva permesso di scoprire un tumore dietro la banalità d'uno schiacciamento di vertebre cervicali, ma, questo delle cervicali, con il cancro che mi avevano diagnosticato non aveva proprio nulla a che fare. Per me, in quel momento, il tumore era soltanto un dannato accidente che turbava la mia quotidianità, e paradossalmente mi trovavo distratto, quasi indifferente, sulla dimensione letale che esso si portava dentro, mentre mi tormentavano assai più i problemi concreti, di questo accidente – ora, subito, il bagno nell'oceano che dovevo saltare, ma poi, anche, la vaghezza di prospettive incerte nei miei giorni a venire.

Quando ti danno la notizia che un tumore si è piantato dentro di te, che ora è lui a fare la tua vita, starà con te giorno e notte, ti accompagnerà sempre e dovunque, e poco alla volta ti consumerà dentro rubandoti il senso di te stesso, sottraendoti cioè il tuo diritto a essere tu il padrone della tua vita, in quei momenti l'ultima cosa alla quale pensi è la sofferenza fisica, il dolore, i tormenti feroci, che la tua lotta dovrà sopportare. Sempre che tu voglia lottare, naturalmente; perché l'idea della morte inevitabile ti consegna al tumore come a un destino senza rimedio possibile, sei già battuto prima ancora di cominciare a pensarlo come una malattia, una delle tante malattie che la medicina può aiutare ad affrontare, pur che tu ne abbia la volontà.

Bussarono con un tocco leggero. Entrò prima la Francesca e, poi, con lei, l'oncologo. Il loro viso era molto serio ma, anche, mi sembrò – pensandoci dopo – che entrambi avessero l'espressione di qualcosa che li legava, come d'una decisione presa in comune.

«Ho parlato con Rogerio, a lungo» disse Francesca. E guardò l'oncologo, che le stava a fianco. «Rogerio ha accettato di prendersi cura di te. Vedrai, ce la faremo», e sorrideva, per incoraggiarmi, facendo anche un piccolo passo verso di me.

La guardavo, e però vedevo anche che l'oncologo restava dietro, distaccato, come se non volesse concedere nulla alla simpatia che Francesca, invece, manifestava nelle parole e nella sua affettuosa gestualità. Lei si volse, come a sollecitarlo. La diversità degli atteggiamenti, la stessa evidenza di sentimenti nient'affatto simili, lasciava capire che doveva esserci stata una lunga discussione, prima di questa visita in coppia.

Restavo semisdraiato sul lettino, sentivo la solidarietà della Francesca, ma sentivo anche la freddezza – o comunque il distacco – di Lilenbaum. «Francesca è stata molto insistente, in questi ultimi minuti. Io le ho spiegato quanto disperata sia la diagnosi, soprattutto la dimensione del tumore, che è già una massa di più di otto centimetri, e poi la sua infelicissima collocazione, appoggiato all'aorta, praticamente inasportabile senza un danno letale. Ma Francesca ha detto che tutto questo non conta, che bisogna tentare l'impossibile.»

Fece una piccola pausa, allargando le braccia come a manifestare una sua impotenza. Mi guardava con occhi molto seri, che non concedevano nulla. Francesca fece un gesto, una leggera sollecitazione. E lui si avvicinò: «Voglio essere molto chiaro con lei, e anche con Francesca. La sua condizione attuale è senza speranza alcuna, gliel'ho già detto. E sarebbe alla fine inutile tentare su di lei l'applicazione del protocollo terapeutico usuale, inutile e anche impietoso. Tuttavia, per cedere in qualche modo alle richieste molto affettuose di Francesca, le dico che tenteremo un percorso alternativo, un percorso assolutamente sperimentale, che è certamente una opportunità ulteriore anche se una opportunità priva, in questo momento, di qualsiasi prospettiva positiva. Ci proviamo, ma è giusto che lei sappia che la sua speranza è zero virgola zero».

Sorrise appena, stavamo diventando compagni d'una avventura comune. E quel sorriso cambiava completamente il mio atteggiamento: fin che ero stato un condannato senza possibilità alcuna, la mia accettazione del verdetto era stata quasi immediata; le lacrime, le avevo bloccate presto, passando subito a dare un ordine alle cose da fare. Vita e morte avevo imparato da tempo che hanno una comune identità, lo strappo che le lacera sta nella loro stessa natura.

Ma ora le parole di Lilenbaum aprivano una prospettiva, la chiusura immodificabile della condanna veniva incrinata. Lui aveva appena confermato che non era possibile – non era razionale – lasciare spazio alcuno alla speranza, e però un qualcosa poteva comunque essere tentato, c'era insomma una realtà concreta sulla quale proiettare l'impulso d'una modificazione possibile.

Mi bastava. Mi ero trovato molte volte in situazioni dove sembrava che non avessi vie d'uscita, dove la drammaticità dei combattimenti dentro i quali ero finito non mi lasciasse alcun margine d'intervento e io dovessi subire passivamente l'evoluzione dei fatti, accettando, anche con qualche angoscia, la mia impotenza di quei momenti; ma non appena si apriva l'apparenza d'un cambiamento, subito scattava in me una spinta a cogliere le nuove opportunità. Era come se trovassi una forza che poteva incidere direttamente sui fatti che stavo vivendo; non era così, naturalmente, ma sentivo il vigore di quella forza, il ruolo che le assegnavo.

Nel Nord del Libano, erano gli anni Ottanta, un tardo mattino mi trovai intrappolato dentro un villaggio che, all'improvviso, fu sotto tiro dei cannoni israeliani. Mi stavo muovendo cautamente, c'era una piccola formazione di fedayìn palestinesi acquattati dietro quattro case di pietra, la testa bassa, che parlottavano tra di loro con gesti ampi della mano tesi verso l'alto, dove, lontani, si vedevano i Merkava di David in leggero movimento. Nel silenzio assoluto, e perfino il sole pareva muto, sembrava di poter sentire il ronfare sordo, lassù, del motore dei carri. Poi cominciò il cannoneggiamento.

Ci avevano visti, sentimmo il botto duro dell'esplosione prima ancora di averla vista. I fedayìn sciamarono rapidi tra le case, ma io restai sorpreso, allo scoperto; mi buttai a terra, la testa tra le mani. Dovevo starmene immobile, anche se il fischio rapido del colpo che arrivava mi gelava l'animo. E quando l'obice entrava nel terreno, sentivo il colpo nella pancia schiacciata al suolo, che vibrava sotto l'onda d'urto. Ero solo, nel villaggio vuoto, e da lassù certamente era come stare a sparare in un poligono, che tiri come vuoi e non c'è nessuno a risponderti. Durò alcuni minuti, lunghissimi; qualche casa attorno a me crollò, in una nuvola di polvere. Poi la sequenza dei colpi si chiuse, facendo ancora più sonoro il rumore del silenzio.

Me ne stetti immobile ancora per qualche minuto. Poi mi alzai rapido e corsi a ripararmi dietro un muretto. Era passata, era andata. Si ricominciava. Mi guardai attorno, misurai le cose, ripresi a correre verso la collina, lungo i muri.

Ero di nuovo tranquillo, sicuro di me, il respiro regolare. Quando, in una situazione di forte tensione, lo scenario muta, è come se dentro di me un meccanismo inconscio attivi rapidamente un controllo razionale, che riporta i miei comportamenti e le mie scelte a una dimensione subito rassicurante.

Ed era quanto mi stava accadendo ora che Lilenbaum aveva detto: non offro speranze, ma comunque proviamo. Mi bastava, ero pronto a vedermela con il tumore, adesso.

3

Lo scatto del tedoforo

Rogerio Lilenbaum, l'oncologo, non ama parlar molto. Dice le cose essenziali, quelle che contano, e quando sorride – ma lo fa raramente – allora sorride davvero. Imparai presto a conoscerlo, e capirlo nel suo rigore, frequentandoci dopo che lui aveva accettato di sperimentare con me una "impossibile" salvezza.

Lui ha insistito sempre su questa "impossibilità" come un dovere etico che, accompagnando la terapia, confermava però che si stava procedendo su un territorio privo di qualsiasi garanzia. E, questo, non per la piatta osservanza della prassi medica – informare sempre il paziente – che negli Usa viene adottata a salvaguardia di possibili vertenze legali, ma, piuttosto, perché lui ritiene che durante la terapia la collaborazione del malato ci debba essere in modo totale; e questo comporta chiarezza, e consapevolezza dei limiti dell'intervento.

La collaborazione, in realtà, è soltanto intuitiva, perché l'oncologo ha conoscenze specifiche, pratiche determinate, certezze sulle modalità e sui tempi terapeutici, mentre il malato, di suo, può metterci soltanto la disponibilità a capire e la voglia disperata di uscirne, anche a qualsiasi costo. Ma lo squilibrio è evidente, e superarlo non è facile.

Non c'è voluto molto, allora, in quei giorni critici di Miami, perché mi rendessi conto che la sola via praticabile per questa "collaborazione" stava comunque nella intelligenza dell'oncologo, cioè nella sua capacità di piegare le conoscenze a un livello di comprensione che consentisse una interazione reale con le aspettative e i bisogni del paziente. E Lilenbaum si è mostrato aperto ad aprire subito questo dialogo.

«Stiamo facendo un tentativo disperato, e non deve stupirti che l'inizio passi comunque attraverso una raccolta di informazioni su di te» disse, ancora forse un po' rigido, ma aprendosi già con un gesto della mano. «Ogni informazione possibile, la tua vita, le tue condizioni fisiche, i problemi, le malattie, ma anche gli interessi, le abitudini, l'alimentazione. Insomma, la tua storia.»

Oggi non sono affatto sicuro che in quel giorno il suo *you* inglese, nella stanzetta dello studio medico del Mount Sinai, volesse valere davvero la traduzione di un "tu" italiano; non ci conoscevamo, e io ero soltanto un paziente preso in carico per le affettuose insistenze della sua amica Francesca. Nulla di più. Ma oggi sono certo che ogni volta che ora ci parliamo, o comunichiamo per e-mail, quello *you* è soltanto un "tu", un tu guadagnato nella confidenza dei lunghi giorni della terapia antitumorale, quando il rapporto medico-malato è andato mutando progressivamente in una sorta di impacciata amicizia, che conservava la consapevolezza dei ruoli distinti ma si era comunque arricchita d'un rapporto reale tra persone, fatto di conoscenze acquisite, di curiosità disvelate, d'un dialogo che metteva da parte le inevitabili diversità e costruiva un tessuto di relazioni basato sulla disponibilità di entrambi ad avviare insieme un difficile percorso.

Prendeva degli appunti, quando io parlavo, poche righe veloci che rispondevano a qualche sua domanda, ma talvolta ero io che seguivo il filo d'un pensiero dove informazioni e memoria si intrecciavano senz'altra connessione che un recupero di pezzi sparsi di vita. Mi aveva spiegato che la terapia del cancro segue procedure standard, protocolli che si applicano allo stesso modo negli Stati Uniti come in Giappone, in Argentina come in Italia o nel Kazakistan: i protocolli vengono determinati sulla base di pratiche curative che hanno mostrato una qualche efficacia, e lo scarto tra i risultati statisticamente accertati e quelli raccolti dalla terapia praticata nel caso preso in cura diventano un aggiornamento della statistica, rafforzandola o indebolendola, ma poco più.

Insomma, il protocollo definisce la cura di "una malattia". La scelta della sperimentazione, che lui mi aveva detto di voler tentare, era invece un progetto volto a curare "un malato". Mi rendevo conto che, per il medico, questa è una scelta non facile, perché gli impone un carico di responsabilità dove il suo sapere deve misurarsi non più soltanto sulla valutazione di alcuni fattori clinici certi, in un quadro di relazioni sufficientemente garantite, ma deve penetrare in un territorio sconosciuto, dove la possibilità di errore – e dunque di un danno forse irreparabile – è sottratta a una gestione protetta e controllata.

Mentre Lilenbaum mi spiegava le sue scelte, quelle parole aprivano nella mia memoria lampi di ricordi, richiamando con la forza emotiva di immagini che scorrevano rapide dentro i miei occhi alcuni dei tanti episodi drammatici che avevo vissuto nel mio lavoro sul campo, quando ero dovuto entrare "in terra incognita". Lui, Rogerio, diceva "vedremo", "proveremo", "tenteremo", come chi sa bene che ogni scelta è comunque un passo nel buio, e io l'ascoltavo a metà perché la mia testa se n'andava altrove.

Il primo lampo di memoria fu proprio una storia della guerra in Libano, un episodio che sempre mi torna in mente con prepotenza quando una qualche circostanza mi pone di fronte alla totale incertezza sulle scelte da fare, e la "terra incognita" è segnata comunque dal mio dovere di starci, e di provare. Erano gli ultimi anni Settanta, il tempo della strage di Tel al-Zaatar, la "collina del timo".

La "collina" era un miserando campo profughi palestinese, uno dei tanti che marcavano la difficile presenza in Libano di chi era scappato dalla guerra con Israele illudendosi d'un rapido ritorno nelle terre della Palestina, e invece era diventato, nei decenni filati via immobili, un fardello disperato, una folla dispersa di profughi senza patria e senza casa, e senza nemmeno più la speranza di poter un giorno tornare in Palestina. La loro presenza in Libano rischiava di mettere in crisi il difficile equilibrio etnico e religioso sui cui in quel Paese "inventato" si reggeva la convivenza tra cristiani e musulmani; e Tel al-Zaatar ne era la rappresentazione simbolica più drammatica, perché era il solo campo palestinese incastrato nella omogeneità cristiano-maronita di Beirut Est, e accendeva l'angoscia dei maroniti sul rischio d'una possibile egemonia demografica dei musulmani.

La pulizia etnica premeva addosso a Tel al-Zaatar, dovevano andarsene. Era un assedio duro, fatto di cannonate e cecchini, che andava avanti da un paio di settimane e ormai aveva portato alla fame quel migliaio di disperati affossati nelle buche scavate sotto terra, nugoli di donne e di bimbi aggrappati all'ultima resistenza dei fedayìn.

Arrivai sulla linea di fuoco al mattino presto, era un agosto bollente, le mosche martellavano occhi e labbra tentando di ciucciare residui umidi. Stavo tra i miliziani maroniti, acquattato dietro un muro sbrecciato, ma stavo lì solo fisicamente, perché la mia testa stava invece sul fronte che vedevo davanti a me, a un centinaio di metri, nel campo dove ogni colpo di cannone tirava in aria pennacchi di fumo grigio. Volevo passare in quell'altra parte, entrare nell'assedio, scrivere un racconto fatto della disperazione di chi forse sta per morire e lo sa bene. Era pura follia, un suicidio incosciente, nemmeno me ne rendevo conto; ma penetrare in quella "terra incognita" mi sembrava un dovere obbligato del mio lavoro, perché stare a sbirciare da dietro un muro trivellato dai colpi serve solo al turismo di guerra, ma non a raccontare e capire.

La mattinata passava lenta, una delle tante dell'assedio. A turno, cauti, tiravamo la testa fuori dalla linea del muraglione che ci copriva, e scrutavamo il silenzio immobile di fronte a noi. La fucileria era rada, come le cannonate. All'improvviso, un miliziano maculato di tatuaggi urlò che non si poteva più aspettare, e che era tempo di partire all'attacco. Era grosso e forte di muscoli, le braghe mimetiche, una canottiera giallastra. Da dietro il muro sbrecciato i suoi compagni lo guardarono sconcertati; lanciarsi allo scoperto era proporsi al macello sacrificale. Ma con un grugnito, la bandana legata sulla fronte, lui balzò sul cassone di un pick-up che portava montato un cannoncino anticarro e gridò all'autista di partire.

«Li bruceremo vivi.» Pareva invasato, forse era drogato.

Fu un attimo, comunque, e mentre il pick-up si lanciava in avanti curvando stretto, sgommando brusco, decisi che mi toccava. Non sapevo nemmeno bene perché, e non riuscivo nemmeno a immaginare che cosa ci aspettasse, ma non volevo pensarci. Ora, o mai più. Saltai anch'io sul cassone, e mi acquattai sul fondo, la testa bassa tra le mani, ansando di tensione, il respiro forte. Stavo giù dietro quel matto, che, ritto in piedi, a gambe larghe, impugnava come Sylvester

Stallone il suo cannoncino furioso e tirava raffiche a gragnola, urlando in francese parole che nemmeno sentivo, dominato dalla paura e inchiodato dalla voglia incontrollata di arrivare laggiù, dopo quei cento metri di vuoto e di macerie.

Eravamo appena usciti dal muro che ci riparava, e subito si aprì contro di noi un infernale tiro incrociato, che riempì di furore l'aria impolverata. Dall'altra parte, fino a quel momento, nulla era parso segnare una presenza, il silenzio era immobile; ma invece ci avevano visti bene, eccome se ci avevan visti, e presero a tirare di fuoco con tutta la loro disperata resistenza. Sentivo i colpi che fischiavano e sibilavano nell'aria, dieci, cento, mille, che parevano la sequenza angosciosa d'un film dei marines; e le pallottole che colpivano la lastra di ferro, che come un lungo scudo verticale proteggeva il cannoncino, risuonavano con un tinn tinn acuto di metallo che gelava il respiro. Percorremmo venti metri, e forse anche trenta, in un tempo che era comunque senza fine, poi l'autista decise che ne aveva basta, che non voleva morire, e sebbene l'invasato continuasse a urlare e imprecare mentre scaricava furente i colpi del suo cannoncino, il pick-up rinculò ululando, sgommando, urtando macerie, muri, rottami, fin che fummo nuovamente al riparo.

Ero senza respiro, la testa schiacciata sul cassone. Guardavo Lilenbaum e le sue parole quiete, ma ancora vivevo dentro di me la rabbia furiosa dell'invasato. Quel tempo e l'oggi ora mi si sovrapponevano, stentavo a liberarmi dall'affanno, e a creare una cesura razionale; e però, intanto, andavo cominciando a capire che, nel silenzio sterilizzato di questo studio medico, mi aspettava un nuovo viaggio senza regole e senza certezze, una sorta di avventura, meno drammatica forse della follia di quella mattinata, o forse, chissà, disperatamente più drammatica. Dovevo starci comunque, non avevo scelte.

Ora avevo un tumore. Lilenbaum m'aveva detto che ne sarei morto, che non avevo speranze, che comunque non mi facessi illusioni; e però, poi, mi aveva aperto un passaggio verso un territorio ancora da esplorare, mi mostrava da lontano una porta ch'era chiusa e che, improvvisamente, pareva potersi spalancare, attivando una dinamica che imponeva una contraddizione dirompente alla immutabilità della morte: nessuna illusione, diceva l'oncologo, ma intanto mi faceva intravvedere il disegno d'una dimensione possibile, che rompeva la condanna a un destino segnato, una dimensione oscura ma dentro cui potevano farsi valere forza, carattere, desideri, volontà, come variabili d'un intervento che, per il resto, veniva invece affidato esclusivamente alle terapie della medicina.

Più volte mi son chiesto dove stessero le radici di quel mio istinto quasi naturale a mettere in campo il peso d'una volontà che non intende cedere alla forza della realtà. Sono risorse che ciascuno di noi ha certamente dentro di sé, solo che poi molti non riescono a recuperarne l'intervento, vinti dalla fatica del vivere, dalla pigrizia del non impegnarsi se non c'è un riscontro immediato, dall'abitudine a non cogliere i segnali che lo spirito, l'animo, il nostro cervello, ci lanciano confusamente nella galassia indistinta di neuroni e sinapsi dentro la quale consumiamo i nostri rapporti con la nostra mente.

E sebbene io sappia davvero poco, o anche nulla, di questa affascinante – e ancora largamente misteriosa – relazione tra i nostri comportamenti e il ruolo che su di loro esercita l'immenso potenziale del cervello, sempre mi si impone un ricordo forte di me ragazzo, un ricordo che considero esemplare del ruolo che da quel giorno assegno alla mente come motore d'una energia vitale ancora tutta da individuare e utilizzare.

Erano i giorni che precedevano il passaggio della fiaccola olimpica nelle strade del nostro Paese, al tempo dei giochi di Roma '60; la fiaccola sarebbe arrivata su un battello da Olimpia, sarebbe sbarcata in Sicilia a segnare la continuità d'una storia che legava la Magna Grecia alla sua antica patria, e poi – attraversato lo stretto di Messina – avrebbe finalmente attraccato a Reggio, alla terra ferma, per risalire la penisola con la sua staffetta di migliaia di tedofori orgogliosamente impegnati a percorrere, ciascuno, una tratta standard di 1500 metri.

A quel tempo, ragazzo, praticavo lo sport come esercizio di vita. Ero un quasi campione, non solo nell'atletica, dove con il salto triplo avevo segnato misure ottime a livello juniores, e nel basket, che allora si chiamava pallacanestro e mi aveva portato a essere pivot in una singolare sfida in Israele tra l'Italia e quel Paese, ma soprattutto nella scherma, dov'ero vicecampione italiano juniores nella sciabola, con buone prospettive di venire selezionato per la squadra olimpica.

Per una piccola città com'era allora Reggio Calabria, avevo l'orgoglio e la vanità d'una mia popolarità, espressa in qualche articoletto dei giornali locali, una mezza colonnina e qualche foto che avevo ritagliato e mi sembravano già l'alloro degli eroi. Solo che alcuni incidenti durante gli allenamenti – strappo muscolare al bicipite femorale sinistro, nel raduno collegiale nazionale di atletica a Formia, e poi la frattura del polso destro a un torneo di selezione per la squadra nazionale di sciabola, a Genova – mi avevano tagliato fuori da qualsiasi sogno olimpico.

Mi restava l'orgoglio di fare, almeno, il tedoforo. Avrei saputo soltanto più tardi che intanto, per i miei successi sportivi, mi avevano affidato una tratta di rilievo, la staffetta lungo corso Garibaldi, cuore e anima della vita cittadina; però, prima, dovevo riuscire a correre quei 1500 metri nel tempo minimo ch'era stato imposto dalla federazione dei giochi olimpici. E non era affatto scontato: la deviazione del setto nasale, per una caduta da bimbo, mi rende difficoltosa la respirazione, non sulle corse brevi, naturalmente, ma su quello che allora era già "mezzofondo", i 1500 metri, appunto.

Mi allenavo al mattino all'alba, prima che il sole bruciasse l'aria; andavo a correre al lido di Reggio, chilometri su chilometri, per impormi l'apprendimento d'un ritmo adeguato ai tempi minimi della prova della staffetta. Non ero sicuro di farcela, ma certamente mi ero preparato al meglio.

Nel giorno della "gara" ufficiale, allo stadio, con tanto di cronometristi della Federazione e un discreto numero di aspiranti tedofori, il tempo di quella prova scorreva troppo rapidamente per l'ostruzione del mio setto nasale; correvo, spingevo, ansimavo, soffrivo, ma quella pista di terra rossa sembrava rubarmi la vita, e la campanella dell'ultimo giro non arrivava mai.

Quando fui agli ultimi 200 metri, nella grande curva che poi sbocca sul traguardo, ero già precipitato nell'inferno di un debito d'ossigeno che mi faceva vivere il martirio di Dorando Pietri, il maratoneta che cede e s'abbandona a pochi metri dall'arrivo. Come lui, correvo, e morivo. Ero senza forze, le gambe imballate, i polmoni esauriti, la bocca aperta ad acchiappare ogni possibile lena d'aria. Mi avevano superato tutti, ero rimasto solo con la mia spossatezza, e stavo perdendo anche quel mio ultimo sogno d'atleta.

All'improvviso, dal di là della rete di recinzione che corre lungo la pista, alcuni miei compagni che mi avevano fatto da spalla negli allenamenti mattutini mi lanciarono un grido: «Hai ancora venticinque secondi, ora o mai più».

In quegli ultimi metri di corsa, io stavo vivendo soltanto la fatica distruttiva dei muscoli e il mantice affannato dei miei poveri polmoni; tutto ciò che avevo d'intorno era sparito, la piccola folla di curiosi sulle gradinate, il sole sulla pista rossa e laggiù i grandi alberi, e gli allenatori, e i cronometristi immobili nella loro divisa candida. Ma quel grido attraversò rapido la nebbia dentro la quale s'era perduto il mio cervello, e fu come una scossa di cui ricordo ancora, nettamente, la violenza dell'impatto su di me.

«Ora o mai più. Ora o mai più.» Le parole mi bruciarono il cuore: no, non era possibile, dovevo farcela. Io, volevo farcela. Me lo dissi in un attimo che fu più rapido di un lampo, e nessuno, davvero nessuno, potrà mai immaginare quale energia all'improvviso mi si scatenò da dentro me. Era come se mi si fosse acceso nelle gambe un piccolo motore, come se quadricipiti e bicipiti avessero ora una loro vita autonoma, indipendente da quanto io cercavo di fare; non sentivo più l'acido lattico che m'inchiodava i muscoli, e i polmoni parevano aver dimenticato all'improvviso l'affanno dentro cui ansimavo. Scattai furente, o comunque questo è il ricordo che ne ho.

Arrivai al traguardo che mi sentivo davvero un altro da me, quasi un centometrista in buona forma, veloce come mai avrei potuto immaginare di poter ancora correre dopo quel miglio d'inferno. I cronometristi fecero scattare i loro patacconi, immobili sulla linea del traguardo, e abbassarono la testa a conferma del mio tempo dentro i limiti, indifferenti a qualsiasi emozione, inconsapevoli comunque di quale profonda trasformazione io avessi vissuto in quegli ultimi venti o trenta secondi. La "gara" era finita con me, ero la coda di tutti i concorrenti, il più scalcinato nei tempi cronometrati. Ma quegli ultimi 200 metri mi avevano cambiato la vita.

In quel luminoso pomeriggio di sole non ne ebbi piena consapevolezza. Ero troppo preso dall'aver tenuto il limite del tempo imposto dalla Federazione, badavo soltanto alla mia felicità. Saltavo di gioia, abbracciavo tutti e tutti mi abbracciavano: la sfortuna mi aveva tenuto fuori dalle ultime selezioni della squadra nazionale di sciabola, ma ora, almeno, avevo tra le mani la felicità d'essere riuscito a diventare un tedoforo, portare quella fiaccola che avevo disperatamente sognato di poter vivere come protagonista.

Oggi, a Miami, quel pomeriggio pare ricordarmi soltanto un piccolo episodio; ma so dentro di me che, invece, fu una svolta psicologica determinante, segnò ogni mio futuro, perché quando ho poi vissuto momenti gravi di difficoltà, scelte che sembravano impossibili, decisioni che apparivano coartate dalla inavvicinabile consistenza degli ostacoli reali – e quando sei in guerra accade spesso che l'impegno sugli obiettivi debba cedere a una impossibilità oggettiva –, sempre ho ritrovato dentro di me quella sorta di piccolo motore autonomo che mi si era acceso nei miei bicipiti femorali e nei quadricipiti: rivivo in un lampo quei momenti di inimmaginabile accelerazione, le gambe che mi scappano via da sotto ancora oggi, e una straordinaria riserva di energia mentale mi si accende dentro, confortandomi a spingermi oltre, a darmi la certezza che posso trovare forze e capacità che bruciano gli orologi dei cronometristi schierati sulla linea del traguardo a difendere quello che appare il limite obbligato del possibile.

Lilenbaum mi raccontava della incertezza assoluta, totale, che avrebbe dominato il tempo della terapia cui stavo per sottopormi. Una incertezza che era già una condanna. «Zero virgola zero» mi ripeteva, per ricordarmi quali fossero le misere possibilità di uscirne vincitore. Chiunque abbia su di sé un verdetto di condanna sa bene come l'aggrapparsi a una speranza qualsiasi diventi una consolazione irresistibile, che già ti offre il convincimento di potercela fare; ma zero virgola zero era però il nulla, un nulla esistenziale prima ancora che aritmetico. Zero virgola zero.

Però io sapevo, lo sentivo, di avere dentro di me quel piccolo, misterioso, trascinante, motore di energia che mi dava una spinta, invisibile eppure reale, quel motore che mi faceva correre le gambe e vincere il tempo.

E io, per questo, ce l'avrei fatta; non avevo alcun dubbio.

4

La mia linea d'ombra

Il cancro non è una malattia, non viene sentito, o giudicato, e nemmeno vissuto, come una malattia. La sua identità viene alterata dal valore simbolico che il nostro immaginario gli sovrappone: una malattia, una qualunque malattia, ci spinge a richiedere l'intervento del medico, dello specialista, o dell'ospedale, per applicare una terapia che porti alla guarigione; il tumore, invece, no.

Il tumore occupa di forza uno spazio mentale che ha poco da spartire con la medicina, quasi che oscuri elementi magici accompagnino il suo solo nome e lo proiettino in una dimensione dove si disperde qualsiasi reazione razionale. Di fronte alla diagnosi dell'esistenza di un tumore, l'offerta della scienza medica pare doversi arrestare esclusivamente alla identificazione simbolica del camice bianco dell'oncologo, e alle forme diagnostiche ch'egli pronuncia, mescolando tecnicismi e moduli esplicativi.

È come se i secoli di ricerca e di prassi terapeutiche controllate, le sperimentazioni, le intuizioni scientifiche, le lunghe sequenze dei laboratori, perdessero ogni loro capacità di condurre un percorso assistito e garantito dai densi accumuli di risultati; per chi scopre d'avere un tumore, la medicina ha già perso la certezza della propria storia e delle proprie risorse, e al suo posto si è insediato con prepotenza, dominatore assoluto, il fantasma della morte prossima.

Quando Lilenbaum mi confermò che "effettivamente" io avevo un tumore, l'idea della morte – che fu immediata, appunto, e comunque del tutto indipendente da quanto Lilenbaum poi mi andava dicendo, che il tumore era "inasportabile" – da subito non lasciò spazio a farmi immaginare l'ipotesi d'una qualche terapia di contrasto, nemmeno la più disperata; non c'erano soluzioni possibili – registrava vorticosamente il mio cervello, nel silenzio muto che sembrava far vuota quella piccola stanza d'ospedale – e poiché il cancro *è* la morte, non si può altro che accettarla.

Nei pochi minuti che passarono tra il verdetto di Lilenbaum e, poi, il suo ritorno con Francesca (quando il medico si aprì ad annunciare, a sorpresa, "una sperimentazione"), passò davvero il tempo di una vita. La mia linea d'ombra segnò una cesura netta tra il vissuto e il possibile; fu come se un tempo fosse ormai finito per sempre, come se il "mio" tempo si fosse già concluso sebbene, apparentemente, io continuassi ancora a viverlo.

A ripensarlo, oggi, il ricordo me lo fa sentire del tutto simile a certi momenti di sospensione assoluta

– del tempo, ma anche della stessa idea di me – che mi ritrovavo addosso quando affrontavo una qualche drammatica situazione di movimento su un terreno dove la battaglia stava infuriando e non potevo avere più alcuna certezza di che cosa fare e come farlo. Continuavo a muovermi, a osservare la battaglia, magari anche a decidere d'immediato dove e come spostarmi, a piedi, lungo i muri, piegato in due per proteggermi, oppure con la mia auto, lenta, guardinga, e però intanto vedevo – sulle alture del Libano, per esempio – le cannonate che squarciavano il mio orizzonte senza che riuscissi a decifrarne la dinamica e le tattiche, e ogni passo in più che preparavo, ogni movimento allo scoperto che stavo affrontando, dietro quell'ansa scoscesa laggiù, oppure sotto quel gruppo di case, qui sulla destra, o in mezzo a questa macchia di ulivi impolverati, che magari mi coprono mentre corro a testa bassa, tutto questo ormai era come se non mi appartenesse più: potevo continuare a vivere, o potevo morire, ma non stava più a me saperlo. La mia vita si era consegnata a un destino fuori da me, sebbene, in apparenza io continuassi a viverla.

Certo, poi, alla fine, la fortuna soprattutto, ma anche l'esperienza, e anche la capacità di sviluppare rapidamente intuizioni interpretative dei momenti della battaglia in corso, riuscivano a riportare la mia vita nelle mie mani; ma quel passaggio diacronico tra la vita perduta e la vita recuperata – un passaggio che ho subito più e più volte, inevitabilmente, nel lavoro delle guerre – ha segnato profondamente il mio rapporto con il tempo, la vita, la realtà. È una linea d'ombra che ormai accompagna i miei giorni e i miei passi, mi sta al fianco, sottende ogni mia scelta: è comunque invisibile, nessuno la vede, ma io so che è lì con me.

Avevo il cancro, dunque, ora. Ho avuto amici morti per un tumore, e notizie e letture sui rischi crescenti dell'inquinamento atmosferico, le polveri sottili, le crisi degli equilibri ecologici; ma la mia piena integrità fisica, lo sport praticato quotidianamente con passione e con successo, la forza nervosa che reggeva facilmente, senza sforzo alcuno, quello che per gli altri era una pesante fatica, la consapevolezza insomma di questa sorta di "superomismo naturale", non costruito né in palestra né con anabolizzanti ma fatto solo di energia psichica e di vita sana, mi dava un'ovvia certezza che qualsiasi ipotesi di malattia era altro da me: figuriamoci il cancro.

Il tempo aveva attutito, e poi cancellato, la memoria della fine di papà; ero un ragazzo, a quel tempo, e la figura di mio padre era sbiadita lentamente in un passato senza identità cronologica, dove il degrado fisico segnato dal procedere distruttivo del suo tumore prevaleva sulle ragioni di quello scempio. Il modello, l'archetipo, dell'autorità mi si era consumato lentamente davanti agli occhi, giorno dopo giorno, ma in casa non vi era alcun accenno a quella parola – "tumore" – oscura, misteriosa, che avevo sentito sussurrare una volta soltanto e che per me non aveva alcun significato reale. Era un suono astratto, la cui insignificanza si accompagnava a certi scuotimenti di testa, a certi silenzi muti, a certi immediati passaggi oltre di qualsiasi discorso, che inevitabilmente lo proiettavano in un territorio dove non era possibile accedere, e gli attribuivano una dimensione misteriosa da cui si doveva star lontani. Che era poi – ora lo so – la dimensione metafisica della morte.

Quel territorio misterioso era diventato ora il mio territorio, la mia vita finita.

Ma com'era, poi, questo "tumore" che mi strappava via da me? Com'era fatto? E come lo immaginavo, io stesso? Nella mattinata, non avevo dato molto seguito alle parole sospese del dottor Levi mentre mi faceva vedere la lastra radiografica dei miei polmoni, e nemmeno avrei potuto farlo, perché da quel momento tutto era filato con una rapidità che non mi aveva lasciato granché di tempo per rifletterci: la carta di credito, la barella subito, i lunghi corridoi bianchi, quel grosso cilindro elettronico dentro il quale mi avevano infilato che pareva un film di Fritz Lang, e in ultimo l'attesa del verdetto, nel silenzio solitario della piccola stanza candida dell'ospedale.

Troppe cose si erano accavallate, e veloci, nuove, impreviste, assolutamente inattese; le emozioni e la curiosità si erano mescolate intrecciandosi, e il tempo ne aveva accartocciato ogni consistenza.

Ma ora che avevo assorbito l'impatto bruto della mia nuova condizione, il tempo, su quel lettino, finalmente si distendeva. A occhi aperti e però senza guardare davvero, mi lasciavo andare dentro l'azzurro brillante della baia, di là dalla vetrata, e ritrovavo la possibilità di riflettere, il respiro rilassato, il corpo allungato sulle lenzuola, il corpo che mi sembrava fosse lo stesso di sempre, ecco i muscoli tesi, le gambe, l'abbronzatura, il mio corpo insomma, eppure no, nient'affatto, sentivo già che qualcosa era intanto cambiato. Quella presenza "sospetta" che, alcune ore prima, il dottor Levi mi aveva fatto vedere sulla lastra, quella grossa macchia opaca, grigiastra, una sorta di frutto informe che forse mi stava divorando il polmone, e di cui ora mi dovevano rivelare storia, natura, e destino, quella "cosa" stava piantata dentro di me, nascosta, subdola, infida.

Non riuscivo a darle una vera identità fisica, una consistenza materiale – forse molle, oppure dura, oppure rigida, o forse spigolosa, magari compatta come un sasso malefico, o gommosa, o chissà quale altra dannata forma dovevo comunque immaginare – non sapevo proprio, e però sempre più ne sentivo dentro di me la presenza reale, concreta, un osceno corpo estraneo da rigettare, da strappar via.

Pensavo a certi film che avevo visto in passato, a metà tra horror e fantascienza, uno mi pare avesse per titolo *L'alieno*, e sempre mi aveva impressionato un effettaccio a sorpresa: c'era in corso un tentativo di invasione del nostro pianeta da parte d'una forza oscura, che progressivamente prendeva il controllo di uomini e donne senza che ci fosse alcuna evidenza della "occupazione" dei loro corpi; tutti si comportavano con apparente regolarità, ma si sentiva che, sotto, c'era già stata una misteriosa trasformazione, e che questa era una minaccia letale che si stava allargando ai popoli dell'intero pianeta. Nella suspense che dominava il racconto, all'improvviso, durante un confronto tra l'eroe del film e uno degli uomini ch'era stato "conquistato" dai misteriosi extraterrestri, l'eroe si vedeva aggredito da una sorta di vermone che saltava fuori dalla pancia di quel suo interlocutore e lo attaccava, per impossessarsi anche di lui. Il vermone snodato aveva una mascheratura maligna, cattiva, schifosa, e sbucava fuori verso lo schermo, assolutamente inaspettato, lanciato quasi in faccia allo spettatore, che istintivamente se ne ritraeva con un movimento difensivo di paura, quando non di terrore.

Era un verme, aggressivo, schifoso, misterioso. E se ne stava nella pancia delle sue vittime. Guardavo il mio polmone, il respiro che sembrava regolare, l'abbronzatura delle mattinate di sole, e però ora dovevo immaginare che anche dentro di me c'era un vermone che ormai stava "conquistando" il mio corpo. Ne sentivo la presenza, il disgusto, anche l'orrore.

Non ne parlai mai con Lilenbaum, ma per me il tumore era quella cosa dello schermo, una massa cieca e aggressiva dotata d'una sua autonomia vitale, indipendente da me e dalla mia volontà, e il cui ciclo esistenziale era la "conquista" di me. Nel film, mi pare che l'eroe riuscisse a battere i vermoni extraterrestri, sconfiggendo l'invasione aliena; quando Lilenbaum mi diede il suo primo verdetto ("un tumore inasportabile"), pensai che, purtroppo, il mio film avrebbe avuto un finale diverso.

Fu soltanto dopo l'inaspettata marcia indietro dell'oncologo, e la sua disponibilità a tentare un *trial*, che ripensai a quel finale del film: se ora era possibile – una possibilità disperata ma comunque una possibilità – rivedere la sceneggiatura di questa storia americana nella quale ero precipitato inaspettatamente, allora ero pronto a fare anch'io l'eroe che trionfa, perché il mio carattere mi fa accettare senza alcuna tensione di rifiuto la realtà quando essa è immodificabile, e però, se c'è anche una sola, misera, piccola, stentata, possibilità di cambiarla – quella realtà – allora da dentro mi vien fuori una energia che non c'è vermone alieno, per quanto immondo o forte esso sia, che possa resistermi.

Nel suo studio, Lilenbaum aveva cominciato a tratteggiare il percorso sperimentale che si preparava ad avviare. Mi aveva ascoltato a lungo, aveva preso note e appunti, aveva segnato alcuni test che lo avrebbero aiutato nella scelta delle giuste componenti chimiche da combinare per i cicli di chemioterapia, e insisteva che questo *trial* era un progetto che lui disegnava specificamente su di me. Mi citò alcuni farmaci, le percentuali delle dosi che avrebbe utilizzato, la composizione piegata alle mie caratteristiche, che erano di un corpo che biologicamente contava dieci o quindici anni meno della sua età anagrafica; e, intanto, poiché la massa tumorale andava ridotta, scalfita nella sua dimensione fisica "troppo massiccia", mi disse che avrebbe fatto accompagnare i cicli di chemio da un numero rilevante di sessioni di radiazioni.

Lo ascoltavo, capivo che bisognava aver pazienza, che il processo sperimentale sarebbe stato molto lungo, disteso in un ampio arco di tempo, e che dovevo aspettarmi crisi e sofferenze. Ma la prospettiva non mi intimoriva, ero pronto: i dolori, le sofferenze, qualche malanno secondario, erano conseguenze che consideravo accettabili; non turbavano la mia idea di me. Piuttosto, mi dava rabbia l'idea di vedermi ridotto senza capelli per via delle radiazioni, perché questo mi avrebbe trasformato in "malato". Non ci ero abituato, mi sembrava di cambiare identità. Io ero stato sempre sano, con il pieno controllo di me e delle mia facoltà fisiche; gli anni passavano, ma l'intensa attività sportiva mi preservava da ogni guaio. Diventare "malato" mi faceva altro da me.

Nei miei anni, ho avuto anche sette fratture ossee, per via di incidenti, scherma, atletica o pallacanestro che fossero. Ma l'ingessatura non ha mai mutato la mia identità di uomo sano: restava una piccola modifica esteriore, segnata comunque dalla sua evidente provvisorietà. E sono ovviamente provvisorie certe "conseguenze fisiche" che devo subire nel mio lavoro sul campo, perché, ogni volta che mi tocca partire per raccontare una guerra, so già che dovrò affrontare anche condizioni di vita difficili, disagi, fatiche, rischi certamente e, poi, soprattutto giornate e giornate nelle quali le mie normali abitudini quotidiane debbono subire stravolgimenti inevitabili. Impossibile spesso lavarsi i denti, impossibile trovare un gabinetto, impossibile programmare un pasto, impossibile radersi la barba, guardarsi a uno specchio, lavarsi, mantenersi puliti, cambiarsi i panni: tutto diventa approssimativo, occasionale, imprevedibile. Nella sacca, un reporter mette tutto quello che può aiutarlo ad aggiustare una qualche soluzione a condizioni critiche: una benda, un disinfettante, lametta, dentifricio, pettine, sapone, un lassativo e un astringente, un paio di mutande e uno di calze, un rotolo di carta igienica, una matita, una scatola di cerini, una torcia, un coltellino svizzero, un ago sterilizzato. Poi, sarà il caso a decidere.

Un giorno, era la fine degli anni Ottanta, ci ritrovammo nel deserto della Striscia di Aozou, al confine tra Libia e Ciad, in tre reporter: con me, due grandi firme di «Le Monde» e del «Guardian». Ci aveva fatto partire un invito ufficiale di Gheddafi, ma non sapevamo bene quale missione ci aspettasse, tanto che i due si presentarono con valigia e in completo grigio, da intervista formale (io me la cavavo con una sacca, jeans, e sahariana). Un gigantesco CH-47 Chinook ci prelevò all'aeroporto di Tripoli e, dopo un lungo volo che sorvolò l'intero "scatolone di sabbia" che è la Libia ci scaricò in pieno deserto, giù dall'oasi di Sebkha, dove trovammo un camion militare con il motore già acceso: in pochissimi minuti, una stretta di mano, qualche parola in inglese con l'ufficiale che aveva comandato l'elicottero, e fummo subito imbarcati; partimmo senza spiegazioni. Lo spettacolo che presentavamo era piuttosto buffo, con quei due prestigiosi reporter in cravatta e abiti formali, seduti alla meglio sul cassone rovente del camion, sotto un sole dannato e in compagnia di due barili d'acqua e d'una mezza dozzina di angurie (che a ogni sbandata ci rotolavano tra i piedi). Ci facevano la guardia tre soldati libici armati di kalashnikov, indifferenti a noi e perduti in un fitto cicaleccio.

Scoprimmo presto, ma poi non tanto presto perché i tre baffuti militari in galabia restavano reticenti, che la nostra missione non era affatto d'intervistare Gheddafi; ci avevano fatto passare clandestinamente in Ciad, al di là della frontiera libica, e ora dovevamo incontrare un capo guerrigliero delle tribù toubou, Goukouni Oueddei, che stava guidando una ribellione della sua etnia del Nord, islamica, contro il governo centrale di N'Djamena, a Sud, retto da cristiani-animisti. E la nostra missione era piuttosto un'abile drittata di Gheddafi che – attraverso tre prestigiose interviste a livello europeo – avrebbe dato a Oueddei e alla sua insurrezione in Ciad una legittimazione internazionale (il raìss aveva ambizioni panafricane, e, sostenendo la ribellione toubou, voleva intanto affermare una sua influenza diretta sul Ciad).

Furono otto giorni di inseguimento nel deserto, noi e il nostro camion che davamo la caccia ai guerriglieri, ma non avevamo, a quel tempo, né telefono satellitare né Gps, e giravamo tra montagne di sabbia disperatamente tutte uguali. Comunque, stavamo sempre per acchiapparlo, quel capo guerrigliero, ma arrivavamo che la battaglia era già finita e Oueddei s'era spostato altrove. Trovavamo i resti del combattimento, residui di armi distrutte, tracce della battaglia con l'esercito, qualche ferito e, per fortuna, anche qualche volenteroso che cucinava per noi sul fuoco un agnello appena sgozzato. Ma di Oueddei, nulla.

Furono giorni pesanti assai, a viaggiare sotto un sole d'inferno, dormire su un panno steso sulla sabbia, vestiti di notte come di giorno, e mangiare quello che si poteva. Le angurie finirono presto: il primo giorno, schizzinoso, rifiutai una fettona che un soldato mi offriva, perché il vento aveva incollato un velo di sabbia sull'anguria; ma il giorno successivo, assetato da matti, spazzolai via con il dito la sabbia dalla superficie della fetta d'anguria e mangiai soddisfatto quella polpa succosa condita dai residui di granelli. Finì anche l'acqua, e ci demmo alla caccia di un pozzo. Dopo una giornata di ricerche e di informazioni raccolte in qualche sperduto gruppo di capanne, finalmente lo trovammo.

Il sole ci cuoceva la testa, qualche dromedario dondolava solitario e cagava indifferente, lì accanto al pozzo. Io ero a torso nudo (i miei colleghi s'erano almeno tolti giacca e cravatta, e se ne stavano distesi, disfatti, in maniche di camicia), e m'ero coperto la testa con la maglietta ripiegata a mo' di kefiah, per proteggermi dalla durezza del sole. Non dovevo essere un gran spettacolo di avventuriero bianco, magro, la barba incolta, la faccia bruciata, i jeans che stavano su a fatica. Per quanto assatanato d'acqua, prima avevo comunque aiutato una donna toubou che s'era avvicinata al pozzo a riempire una ghirba: era un atto di cavalleria dovuto, sotto quel fuoco assolato. Il pozzo era una profonda buca dentro la sabbia, larga poco più di mezzo metro, con l'acqua giù in basso, che se ne vedeva il riflesso lucido di sole. Ai lati della buca c'erano due pezzi di tronco, su cui poggiare i piedi, a gambe divaricate, come una sorta di infelice e assetato Colosso di Rodi; e a uno dei due legni era legata una lunga corda che terminava, una decina di metri giù, in un pezzo ricurvo di copertone, una sorta di mezzaluna, legato ai due lati dalla fune.

Imparai presto che, con una torsione del polso dall'alto della corda, riuscivo a far affondare nell'acqua, laggiù, il pezzo curvo di copertone, che così si colmava di circa mezzo litro d'acqua; allora lo tiravo su lentamente, con quel poco di liquido ch'ero riuscito a far imbarcare nell'incavo, e lo riversavo dentro un grosso bossolo di proiettile che se ne stava sulla sabbia, a qualche centimetro dall'apertura del pozzo. Dal bossolo, poi, con cautela, trasferivo l'acqua nella ghirba. Fu un'operazione distruttiva, che si portò via più di mezz'ora, sempre sotto il sole che tagliava l'aria infuocata.

Quando, finalmente, la donna si caricò la ghirba sulle spalle e si allontanò, diedi alla corda, esausto, l'ultima torsione, e caricai l'ultimo carico d'acqua, che era per me. Versai il liquido nel bossolo, e lo avvicinai alla bocca: mentre mi accingevo a bere, arso dalla disidratazione, vidi che nel fondo del bossolo navigava dentro l'acqua un lungo, sottile, vermone grigio. Si muoveva tranquillo, indifferente, sotto i miei occhi sgranati.

Lo osservai solo per un attimo, poi la sete vinse facile: cominciai a bere a lunghi sorsi, vorace, disperato, badando soltanto a non inghiottire quel verme. Quando non fu più possibile tenerlo lontano, mi asciugai la bocca, lanciai nella sabbia quel verme e il po' d'acqua rimasta, e tra me e me pensai che si dev'esser matti a fare questo mestiere.

La nostra caccia a Oueddei fu un fallimento. All'ottavo giorno del nostro infruttuoso vagare tra dune e larghe distese di sabbia, i tre eroici soldati in galabia ricevettero via radio una qualche comunicazione drammatica, almeno a giudicare dalle loro reazioni febbrili. Con un largo giro, il camion prese una rotta che pareva abbandonare il corso del sole; qualcosa di grave doveva esser accaduto, ma i soldati non rispondevano alle nostre domande, e dopo molte ore di traversata del deserto, lungo tutto il giorno e la notte, ci ritrovammo all'improvviso, all'alba, davanti al gigantesco elicottero con cui eravamo arrivati laggiù.

Ci imbarcarono senza parole e senza festa, e ci trasferirono direttamente all'aeroporto di Tripoli con un volo lungo una intera giornata, tutti seri, tutti muti. Dovevamo salire sul primo aereo in partenza per Roma, ma, non so nemmeno come, ci arrivò notizia che quella notte c'era stato uno scontro a fuoco al confine con l'Egitto. Chiedemmo immediatamente di essere autorizzati a fermarci a Tripoli, per fare il nostro lavoro; ma, a spintoni cortesi, ci portarono sull'aereo. Non eravamo uno spettacolo allegro: le barbe lunghe, le occhiaie, i panni spiegazzati, coperti di polvere e di sole, sembravamo una pidocchiosa banda di barboni. L'unico felice era il povero David Hirst, il celebre inviato del «Guardian», che per otto giorni non era riuscito ad andare di corpo perché aveva un terrore fobico degli scorpioni e, accosciandosi sulla sabbia, temeva di venire punto da quelle bestie che, spesso, al nostro avvicinarci, avevamo visto affondarsi nella sabbia. La toilette dell'aereo fu la felice soluzione di quel blocco intestinale che temevamo per lui; ma, in realtà, i nostri pasti erano stati assai parchi. E lo si vedeva bene. Quando finalmente arrivai a casa, metà fantasma e metà barbone, lo specchio mi restituì di me un'immagine disastrata.

Era una ricaduta del mio lavoro, ma era comunque una ricaduta soltanto temporanea, che durava giusto il tempo di trovare un albergo, una doccia, e un barbiere. Io ero sempre io. La testa pelata per la chemio, invece, che mi trasformava ufficialmente, visibilmente, in "malato", la vedevo come una violenza alla mia immagine di me, una sorta di imposizione che dovevo subire senza poter decidere, e paradossalmente anche più costrittiva della diagnosi del tumore (il tumore stava infatti dentro di me, era un problema che dovevamo vederci soltanto noi due, io e lui, mentre la pelata era fuori di me, e mi faceva pubblicamente diverso da come io sono).

Io non sopporto le imposizioni: su questo mio carattere ho costruito un'abitudine di vita che, più volte, mi ha dato seri problemi, soprattutto nel lavoro. Ho voluto fare il giornalista perché ero affascinato dall'idea di raccontare, le persone, i fatti, il mondo, e però immaginavo che questo racconto costasse un forte impegno, non solo di conoscenza, ma anche di contrasto con interessi e poteri che tendono a imporsi nella determinazione della realtà. Di recente, mi ha colpito una frase di Ryszard Kapuściński, che è stato uno dei grandi reporter di guerra: «Noi avevamo scelto di fare questo lavoro perché sentivamo forte l'impegno sociale che lo accompagna; oggi i giornalisti sono soltanto degli impiegati dell'informazione».

Il cedimento diffuso del giornalismo d'oggi alle ragioni della pura estetica dell'apparenza è una evidenza innegabile; ma ancora si può fare comunque giornalismo con spirito diverso, con un impegno severo di autonomia: soltanto che, inevitabilmente, se ne paga un prezzo. E se può accadere che il costo lo debbano pagare nomi celebri come Biagi, Luttazzi, o Santoro, è immaginabile che molti altri senza grande nome né popolarità apprendano bene la "lezione", e si accontentino di far semplicemente "l'impiegato della informazione".

Però può accadere anche che l'impegno si trasformi in deformazione ideologica, e non renda giusta ragione alla volontà di non subire la "lezione". Nell'autunno dell'82 avevo raccontato da Beirut la strage di Sabra e Shatila, duemila palestinesi trucidati dai maroniti con la "complicità" dell'esercito israeliano (che aveva circondato i due campi profughi ma consentì l'infiltrazione dei miliziani maroniti). Quando seppi – un paio di giorni dopo, perché a quel tempo non c'era Internet e Beirut era isolata – che il mio giornale aveva dato al mio reportage di quella strage soltanto un titolo di "spalla" a tre colonne, chiesi di rientrare, indignato e in rotta con il direttore. Ne avevo fatto una lettura ideologica: immaginai che quella sottovalutazione fosse un maldestro tentativo di ridurre l'impatto delle responsabilità del generale Sharon, il comandante dell'attacco israeliano.

In realtà, ma venni a saperlo soltanto dopo, la "sottovalutazione" era il paradossale risultato d'una dannata coincidenza: nello stesso giorno della strage, il mio giornale si era impegnato a pubblicare una intervista al presidente Pertini (che l'aveva richiesta esplicitamente all'avvocato Agnelli: «Il suo giornale, "La Stampa", caro Avvocato, mi sta trascurando»), e dunque dovette dare spazio privilegiato alla propria intervista "esclusiva", relegando alla "spalla" quella che era, invece, la vera notizia del giorno.

Ma poiché in quel tempo era in corso una contestazione della redazione del giornale – che io guidavo – verso la gestione troppo autoritaria del direttore, Giorgio Fattori, dovetti subire la "lezione maoista", che se ne bastona uno perché cento imparino. E per tre anni, fin che non arrivò un nuovo direttore, fui tenuto in frigorifero – nessuna missione, nessuna inchiesta, tre anni in silenzio – a monito esemplare per tutta la redazione. Che, va detto, metabolizzò senza alcuna resistenza il diktat del direttore: consegnò la mia ribellione alla forma di un atto di protesta individuale (sebbene fosse stata dichiaratamente una denuncia per sottoporre al giudizio della redazione la gestione di Fattori), si sottrasse in silenzio a qualsiasi dovere di solidarietà, chinò pavidamente la testa, e chiuse per sempre la lunga stagione del lavoro giornalistico come lavoro di gruppo, ciascuno con il proprio ruolo, certamente, ma all'interno di un contributo organico di saperi e di competenze. Alla «Stampa», e però non solo da noi, il direttore tornava a essere un monarca assoluto.

Quella imposizione nel giornale fui costretto a subirla, come ora dovevo subire le conseguenze della radioterapia. Allora mi ero impegnato allo scoperto, di mia volontà, ed ero stato battuto; ora avevo davanti a me un nuovo confronto, che io non avevo voluto, questa volta, e però lo dovevo subire ugualmente, e temevo di sapere già che sarei stato battuto di nuovo. Perché, senza che io potessi avere alcun modo per contrastarlo, ora la pelata mi avrebbe assegnato a pieno titolo l'identità – nuova per me, ma non potevo rigettarla – del "malato". Ancora una volta, la linea d'ombra delle antiche letture conradiane marchiava la mia vita.

5

Una macchia di urucum

Dissi a Marinella che al Mount Sinai avevano trovato «qualche serio problema» nei miei polmoni, e che perciò dovevo curarmi. Naturalmente, non feci alcun accenno a un possibile tumore, parlai vagamente di «grave forma di broncopolmonite». E le dissi che mi sembrava saggio che ci fermassimo negli Usa, per tutto il tempo necessario.

Marinella, in realtà, un qualche sospetto, lieve, lo aveva avuto: ero andato via al mattino per un check di routine, e ora tornavo ch'era quasi sera, e anche un po' stranito; non le sembrava molto chiaro. Ma, alla fine, pur mostrando qualche perplessità, non le fu difficile credermi: lei ricordava bene in che condizioni io, e i miei polmoni, fossimo tornati dalla Guerra del Golfo.

Dall'agosto del '90 fino a marzo del '91, ero stato nella penisola saudita, inviato a raccontare la guerra che il mondo aveva dichiarato a Saddam Hussein, dopo la sua invasione del piccolo sceiccato del Kuwait. Il Desert Shield, che poi – dopo l'attacco al Kuwait – diventò Desert Storm, è stata la più gigantesca operazione militare dalla fine della Seconda guerra mondiale: un esercito di 956.000 uomini venne schierato davanti alla frontiera kuwaitiana, e c'era davvero il mondo intero, americani e inglesi, francesi e argentini, italiani e tedeschi e rumeni, e anche egiziani, anche sauditi, perfino i siriani. Se Saddam non ritirava i suoi soldati e i suoi carri armati, il generale Schwarzkopf avrebbe lanciato l'attacco su mandato ufficiale dell'Onu.

Furono cinque mesi di traccheggio paziente e di tentativi diplomatici d'ogni forma, per convincere il raìss a tornarsene a Baghdad e farla finita, senza combattere quella che lui già chiamava roboante "la madre di tutte le battaglie". Poi, però, quando l'ultimatum finale si consumò senza risposte, nella notte tra il 16 e il 17 gennaio del '91, con un rombo di tuono che faceva tremare i muri, i B-52 ci passarono sulla testa – 1200 giornalisti d'ogni parte del mondo che stavamo acquartierati fin da agosto tra Khobar e Dhahran – e fu la guerra.

Loro, le fortezze volanti, andavano nella notte a bombardare Baghdad, noi, i giornalisti, passammo la notte a metterci sul muso la maschera a gas, ogni volta che la sirena dell'allarme annunciava in arrivo un missile di Saddam. E ce ne caddero addosso tanti. (Devo dire che, dopo il terzo allarme e la terza corsa verso il rifugio con la maschera schiacciata sul muso, attaccai un pezzo di carta alla porta della mia camera d'albergo,

«Don't disturb», e dormii più o meno tranquillo fino al mattino, con il cuscino sulla testa.)

Fu una storia assai lunga, e dannata, che tirò avanti fino a marzo. Due, soprattutto, sono i ricordi che ancora ne ho. Il primo è della battaglia dei carri armati, che alla fine di febbraio decise le sorti della guerra: all'alba del sesto giorno della battaglia, mentre accompagnavo l'avanzata verso Kuwait City intrufolandomi con la mia auto tra le colonne in azione, mi fermai accanto a un gigantesco carro americano M1-Abrams, un'autentica piattaforma elettronica di avanzatissime tecnologie. Era fermo sul margine d'una stradaccia di terra, aveva il motore che ronfava al minimo, e sullo sfondo, all'orizzonte, c'erano le carcasse dei T-72 iracheni che bruciavano di fumo nero; il silenzio dell'alba era impressionante, immobile, vuoto, dopo che per tutti quei giorni e quelle notti la battaglia aveva riempito di tuoni l'aria e il cielo.

Coricati sull'armatura del carro, due soldati fumavano in silenzio, l'elmetto appoggiato alle ginocchia. A terra, un giovanissimo capitano, gli occhiali chiari, l'elmetto ancora in testa, camminava lentamente accanto al suo tank; era pallido, parlava con se stesso, a mezza voce.

Scesi dalla macchina, nella luce ancora grigia di quella prima alba, e lo salutai. Mi guardò senza guardarmi, veniva dal Kentucky mi disse, aveva qualche rado pelo di barba sul muso.

«Che Dio mi perdoni,» e scosse la testa «ma quando vedevo nello schermo un T-72 a tre o quattro miglia da noi e davo l'ordine di lanciare il missile, loro, gli iracheni dentro il loro carro, erano morti prima ancora che potessero accorgersene. Erano già cenere. Capisci? Erano morti senza nemmeno saperlo. Che Iddio onnipotente mi perdoni per tutto questo. E che il presidente Bush abbia detto la verità, quando ci ha dichiarato che facevamo questa guerra per riportare la pace.»

Non me la sentii di fargli altre domande; lo lasciai perduto nel suo dramma, e l'alba era ancora lenta a salire.

Ripartii tenendomi addosso la forte angoscia che sempre inchioda le guerre e le loro storie, tra la coscienza incorrotta degli uomini che le guerre le fanno e gli strumenti di morte che essi hanno tra le mani, e che gli danno una onnipotenza che nemmeno il Padreterno.

Ripartii, risalii colonne di tank e di blindati, mi infilai dove non dovevo, e alla fine entrai in Kuwait City assieme alle prime formazioni che sciamavano dentro strade vuote e mute. Ancora si combatteva; l'aeroporto, alla periferia, infuriava di colpi, ma i marines s'erano fatti da parte, e lasciarono passare il piccolo contingente kuwaitiano per dargli simbolicamente l'orgoglio di essere, loro, i soldati del Kuwait, i liberatori del proprio Paese. Con i primi tank kuwaitiani entrai in una città dove chi se n'era stato chiuso in casa cominciava ora timidamente a tirar fuori la testa, e sventolava la bandiera nazionale, e ci abbracciava e ci baciava come solo gli eroi meritano.

Non era più l'alba, il mattino ormai avanzava rapido, ma il cielo si stagliava ancora nero come pece, coperto fino a ogni orizzonte da una cappa nerastra, una sorta di cupola fatta d'una sola, compatta, immensa, nuvola; una luce spettrale scendeva dai bordi di quella nuvola, ma lontano, al fondo della piana di sabbia, dove i pennacchi dei pozzi di petrolio in fiamme si alzavano attorcigliandosi e scuotendosi nel vento.

Prima di scappar via, le truppe di Saddam avevano incendiato tutti i pozzi, e ora quel loro fuoco nero era diventato il cielo di pece.

Restai a Kuwait City per una settimana, dormendo in una stanza sfondata del vecchio Hilton, vestito di giorno e di notte nei miei panni polverosi, senza luce elettrica, senz'altra acqua che quelle quattro casse di bottiglie di plastica che avevo caricato nel cofano dell'auto quand'ero partito da Hafar Al-Batin, sulla frontiera tra Arabia Saudita e Kuwait. E al mattino, quando un'alba spenta tentava di farsi luce sotto la cappa nera del cielo, e prendevo la mia auto per andare a fare il mio lavoro dietro le truppe di Saddam che scappavano, trovavo l'intera carrozzeria dell'auto coperta da una pellicola nerastra, appiccicosa, gommosa, che era venuta giù dalle lacrime di pece del cielo, e che io – e tutti noi – ci prendevamo dentro i polmoni con il respiro affannato dell'aria.

Fu Marinella a ricordarmi quella vecchia storia, appena le accennai del «serio problema» ai polmoni che avevano diagnosticato al Mount Sinai. A quel tempo, nel marzo del '91, rientrando da Kuwait City le avevo raccontato dei giorni difficili vissuti sotto la pioggerellina di pece nera che calava dal cielo e mi s'inchiodava dentro; tossivo di brutto, a casa, in quei giorni, una tosse stizzosa, maligna, che mi aveva anche impressionato. Ma poi lo pneumologo mi aveva rassicurato: una brutta infiammazione, c'è poco altro. E anche Marinella si era rassicurata, a quel tempo. Ora, a Miami, prendendo per buona la diagnosi che io le dicevo dal Mount Sinai, disse serena: «Aspetteremo qui che i tuoi polmoni si puliscano, supereremo anche questa». E mi abbracciò stretto, senza lacrime.

Io invece tremavo dentro, quel mio segreto mi pesava che non osavo guardarla negli occhi.

«Cominceremo con la radioterapia» mi aveva detto quel pomeriggio Lilenbaum. «Sarà lunga, ma è un passaggio obbligato per tentare di ridurre le dimensioni della massa neoplastica.»

Programmò quarantacinque sessioni di radiazioni, quasi due mesi di bombardamento sul mio polmone sinistro, giorno dopo giorno, tranne il weekend, come un calendario lavorativo che al sabato e alla domenica fai poi festa; ma di mezzo c'era la mia vita. Andavo al mattino presto, che il sole non era ancora alto e io arrivavo digiuno: mi facevano spogliare, poi indossavo un camicione bianco e mi stendevo sul tavolone del laboratorio. I tecnici mi facevano incrociare sul torace il raggio luminoso di due macchine elettroniche che, su in alto, muovendosi e orientandosi, ricercavano il punto esatto dove il laser avrebbe attaccato il mio tumore; trovato, lo segnavano sul petto con un minuscolo tatuaggio nero, poco più di un puntino, e la radiazione attaccava.

«Resti immobile, fermo; sono pochi secondi.»

E io quasi non respiravo, volevo essere certo di assorbire il laser nella precisione segnata dal puntamento. Poi un lieve ronzio mi diceva che il bombardamento era cominciato. E finiva quasi subito. Non provavo alcun dolore, e rispondevo tranquillizzante alle domande che, alla fine, i tecnici mi rivolgevano per sapere se avessi bisogno di un aiuto.

Queste sessioni così tranquille, così regolari, così noiosamente uguali e senza che potessi registrare alcun risultato concreto, palpabile, delle radiazioni che giornalmente penetravano nel mio polmone, mi sconcertavano: mi sarei aspettato dolore, sofferenza, un qualche serio malessere insomma, ma invece era come andare a bollare una cartolina a un ufficio postale, che fai appena clic ed è già finita.

L'unico segno che comunque il laser il suo lavoro lo stava facendo si vedeva marchiato sul torace, a sinistra: io ero molto abbronzato per il gran sole che amo prendere, un'abbronzatura profonda e omogenea anche senza creme né oli, eppure sulla pelle scura del petto cominciò ad apparire una larga macchia decisamente nerastra, scura più della pelle già scura, una sorta di autentica bruciatura, la cottura del torace. Non mi dava alcun fastidio, però era lì, evidente, riconoscibile, e mi ricordava che, intanto, sotto, dentro il polmone, qualcosa stava certamente accadendo.

Io guardavo la macchia, la toccavo con le dita, me ne sentivo rassicurato piuttosto che preoccuparmene. Marinella invece era perplessa, un giorno mi disse: «Ma ti hanno cotto, deve farti male per forza; non è possibile».

No, no, io scuotevo la testa, le dicevo che anche la pelle scura può essere "macchiata", senza dolore. E le ricordai le bacche di urucum che avevo portato a casa dall'Amazzonia.

Era stato un viaggio che mi aveva precipitato indietro alle radici del tempo.

Viaggiavo in Brasile per un reportage su quel paese e sulle sue immense ricchezze naturali. Era quasi la fine del secolo, e un mattino che a Rio de Janeiro intervistavo il presidente della Funai, la fondazione governativa brasiliana che gestisce la popolazione india dispersa nell'intrico inaccessibile dell'Amazzonia, arrivò via radio la comunicazione d'un antropologo, uno dei *sertanistas* che si avventurano nel fondo della foresta inesplorata, e che da qualche settimana aveva stabilito un contatto con una tribù di indios che non aveva mai conosciuto l'uomo bianco. Alla radiotrasmittente, il presidente si mostrava interessato ai possibili sviluppi di quella storia singolare, unica, che sembrava scavare in un passato fuori dal tempo. A me che ascoltavo stupefatto e intrigato, sembrò un'affascinante storia da Indiana Jones, irresistibile per un giornalista; ero eccitato, e insistetti oltre ogni decenza, petulante, asfissiante: alla fine, dopo molte resistenze, e di malavoglia, il presidente della Funai mi autorizzò a raggiungere quel *sertanista*.

«Ma ne rispetti il lavoro sul campo, non intervenga mai, non disturbi mai il tentativo di costruire un dialogo con quella tribù sconosciuta.»

Nei miei anni di formazione, Lévi-Strauss e i suoi *Tristi Tropici* erano stati uno dei percorsi più felici e intriganti del mio immaginario. Poter ora trasformare le pagine di un libro, e le infinite fantasie che ne erano nate, nella esperienza concreta d'un vissuto senza mediazioni mi sembrava il prezioso regalo di una fortuna trovata senza nemmeno cercarla. E fu un'avventura davvero straordinaria.

Lasciai Rio con il primo volo verso il Nord e la foresta, e ad Altamira, nel cuore verde dell'Amazzonia, riuscii a noleggiare un vecchio monomotore sfiancato, tenuto su davvero dal fil di ferro. Non era rassicurante per nulla, piccolo come quasi un giocattolo, con le lunghe striature nere dell'olio che colava dal motore, sembrava uno di quei ruderi di qualche guerra che Corto Maltese infilava sempre nei suoi racconti da mondi lontani. Il pilota si chiamava João Figuereido, aveva la barba mal rasata, i jeans d'una vecchia salopette stinta tenuti su dalle bretelle, e probabilmente era malandato assai più del suo apparecchio, ma accettò con spirito pronto le istruzioni che io avevo avuto a Rio e la rotta che avremmo dovuto seguire per raggiungere il *sertanista*.

«Tranquillo, conosco la foresta: ci sto dentro da tutta la mia vita.»

Però al mattino dopo, nel piccolo aeroporto spelacchiato, l'aereo non volle saperne di partire. Mi ero arrampicato sul seggiolotto che stava dietro João, la mia sacca tra le mani e il fiato sospeso, affidandomi per scaramanzia alla mia buona stella, ma ottimista come sempre; e invece, zuf zuf zuf, l'elica faceva qualche giro stanco, giusto per dovere di servizio, e poi si riposava. Io sudavo per la tensione (che era la tensione dell'elica svogliata ma anche la tensione di quello straordinario viaggio), e João rideva con i suoi mezzi denti, e si girava a guardarmi: «Tranquillo, *senhor*, ora lo metto a posto».

Mi sedetti sull'erba, ad aspettare. Lui trafficava nel suo motore, smontava e rimontava pezzi, le mani impasticciate di olio. Il tempo passava lento, il sole cominciava a farsi serio, e io mi addormentai anche, la sacca sotto la testa. Mi svegliò il rumore dell'elica che ora girava serena, e João sorrideva. «Si parte, l'avevo detto.» Dovevano essere passate almeno due o tre ore, il sole ora stava allo zenit, giusto sopra la nostra testa.

Viaggiammo ad appena qualche sbalzo sopra il mare verde della foresta amazzonica, un orizzonte senza limiti, con il motore che ronfava tranquillo e, sotto che quasi le toccavi, le punte di alberi giganteschi, rami e foglie e liane che si intrecciavano in un affascinante mosaico di tonalità di colore, dal verde quasi nero a un pastello appena tinto.

«Ecco, dev'essere laggiù» disse dopo un paio d'ore mute, e con la mano mi indicava, in basso, davanti al muso dell'aereo, un piccolo slargo che si apriva dentro il mare quieto della foresta, con le curve sinuose di un fiume che si distendeva e si piegava come un lungo serpente argentato.

«È l'Alto Xingú, ci siamo.»

Atterrammo leggeri, a motore quasi spento, su una striscia corta di terra senza alberi, accanto all'acqua. Saranno stati quaranta metri, forse anche meno, ma furono sufficienti per il nostro piccolo aereo. E poi João, magari straccione, e con pochi denti, era comunque un pilota che sapeva fare bene il suo lavoro.

Lo spettacolo che mi si parò davanti era più di un film in 3D, da strozzare il fiato. Ora ero io, il Lévi-Strauss. Schierati in due lunghe file al limite estremo dello slargo, gli occhi sbarrati, muti e curiosi, alcune centinaia di indios guardavano a bocca aperta lo strano uccellone di metallo e i suoi due passeggeri. Appena davanti a loro, un uomo bianco in jeans e casacca, la barba grigia, aspettava sorridendo. E faceva un cenno di saluto con la mano aperta.

Gli indios erano molto belli, tanto perfetti nella loro rappresentazione di se stessi, di abitanti selvaggi della foresta, che sembrava fossero le comparse ordinate di un set di Hollywood. Stavano immobili, scuri di pelle, quasi neri, robusti, tozzi, i capelli più o meno a caschetto, e completamente nudi. I maschi portavano un tubo penico tenuto su da un laccetto d'erba attorno alla vita; le femmine avevano i seni cadenti, alcune con uno straccetto che gli passava tra le gambe e poi si attorcigliava ai fianchi.

Io avevo ancora nelle orecchie una stanca memoria del ronfare del motore nel lungo volo sugli alberi, e ora, invece, mi si imponeva, forte, pulsante, quasi doloroso, il silenzio che dominava questa folle scena, a metà tra una fantasia impossibile e l'evidenza della realtà. Non c'era un suono, non un rumore; taceva la foresta, taceva l'acqua del fiume, tacevano gli indios. Taceva anche l'aereo.

Calammo a terra dai seggiolini, il pilota e io, e ci venne incontro il *sertanista*. Ci abbracciò, João sempre tranquillo, io stranito, e gli indios sempre fermi là accanto che sembravano un antico disegno a china delle relazioni di Bartolomé de Las Casas.

Poi João disse qualcosa al *sertanista*, che si chiamava Irmao Gabriel, e lui fece dei segni vivaci verso gli indios, indicandogli il piccolo aereo. Lentamente, forse impauriti ma anche affascinati, venti o trenta di loro si avvicinarono, e Gabriel gli fece vedere che cosa dovevano fare: si appoggiarono alle ali del vecchio ferraccio e, lentamente, seguendo le indicazioni del *sertanista*, lo spinsero ruotandolo su se stesso fino a invertirne di 360 gradi la direzione. João aveva fretta di ripartire, il buio della sera non era molto lontano sull'orizzonte corto al di là degli alberi.

Senza dire una parola, João montò rapido sul suo seggiolino, armeggiò nel cruscotto, e accese il motore; questa volta l'elica obbedì senza resistenze. Lui fece ciao con la mano, poi, ballonzolando su quella piccola striscia sconnessa di terra, il suo aereo lentamente prese l'abbrivio fino ad alzarsi. Salì a fatica, all'inizio, poi fece una virata più sicura e sparì nel cielo che stava dietro la foresta.

Ora io ero tornato alle radici del tempo, in un passato fuori dalla storia; la modernità se n'era volata via con quello stralunato João, e con quel suo aereo che ricordava i fratelli Wright.

Vissi con quella tribù una settimana che per me fu la scoperta (o, forse, la riscoperta) della vita degli uomini agli albori del millennio, un qualche millennio d'un passato indeterminabile, lontano più della nostra stessa memoria; e l'antropologo *sertanista* fu una guida preziosa, sebbene stesse ancora imparando a conoscere la lingua di quella tribù: «Appartiene a un ceppo linguistico comune, qui nella foresta, ma ha alcune modalità espressive che finora sono indecifrabili per me».

La tribù degli arawetè (ma «il popolo arawetè» lo diceva invece Gabriel, che ne difendeva l'identità e l'autonomia) aveva 254 membri, e viveva da sempre nell'immenso, misterioso, mondo verde che è tuttora la foresta amazzonica. Il *sertanista* ne aveva trovato tracce inaspettate durante una sua esplorazione del territorio, tracce di vita comunitaria e anche resti animali di una caccia; allora lui aveva lasciato qualche specchietto e alcune perline accanto a quei segni di passaggio, e si era allontanato. Quando era tornato, dopo alcuni giorni, aveva trovato gli specchietti e le perline calpestati, distrutti. Ci aveva riprovato, ma il risultato non era cambiato. Provò ancora una terza volta, e ora, finalmente, i suoi doni non c'erano più; al loro posto trovò un regalo per lui, la carcassa di una scimmia uccisa dagli sconosciuti abitanti di quel territorio.

Era fatta, ora la geografia antropologica della foresta aveva nomi nuovi da iscrivere nel libro anagrafico dell'Amazzonia, e nuovi "popoli" da conoscere. Infatti, dopo quella prima apertura a un dialogo possibile, la diffidenza iniziale degli indios cedette alla curiosità, e lentamente, giorno dopo giorno, alla fine gli araweté accolsero tra di loro quello strano uomo, "bianco".

Vivevano in una *aldeia*, uno slargo disteso accanto a un'ansa del fiume, l'Alto Xingú, affluente del Rio delle Amazzoni, in capanne monofamiliari di larghe foglie e di legno d'albero. Si cibavano di carne di scimmia e di tartaruga, oltre che d'una sorta di farina ricavata pestando alcuni tuberi in un rudimentale mortaio. Erano cannibali, ma cannibali rituali, che prendevano soltanto alcuni organi dal corpo dei loro nemici uccisi, quando esplodeva la guerra per il controllo di un territorio (quel pomeriggio, arrivando nella *aldeia*, scortato da quella piccola folla che mi guardava incuriosita, che mi toccava, timida, curiosa, e qualcosa commentava, vidi al centro dello spiazzo due lance incrociate, infisse nel terreno, con la testa mozzata di due nemici piantata sulla punta delle lance: e al primo impatto non mi parve una scena rassicurante).

Erano certamente rituali nella loro antropofagia, ma, giusto per sicurezza, due volte al giorno, al mattino e alla sera, "Fratello Gabriel" chiamava via radio la Funai di Altamira, per rassicurarli che ancora non se l'erano mangiato, che lui era ancora vivo.

Vissi con loro la loro vita, che segue le leggi della natura, fuori dalla Storia, costretto a dormire subito dopo un tramonto che si consuma rapido, coperto prestissimo dalla foresta che oscura il cielo, e pronto a svegliarmi alla prima luce del mattino, per preparare la vita comune, la coltivazione, la caccia; andai a caccia di scimmie con loro e i loro archi e le frecce, apprendendo il loro modo di camminare nella foresta per proteggersi da pericoli possibili; vidi nella foresta animali e, soprattutto, insetti che mai avrei immaginato possibili nelle loro forme mostruose, sorprendenti al di là di ogni possibile fantasia; mi bagnai con loro nell'ansa del fiume, dopo che i bimbi avevano bastonato a lungo l'acqua per tenere lontani i piranha; ne scoprii le leggi sociali, aiutato da Gabriel, il costume, le semplici regole di vita.

Fui un indio bianco, indio come loro ma curioso, attento, diligente, affascinato, e però anche sconfortato nell'umidità totale della foresta – con le gocce d'acqua sospese nell'aria, appiccicate addosso, perché la cappa fitta degli alberi impedisce ogni traspirazione – sconfortato dai miliardi di zanzare che mi assalivano a stormi, depositando sotto la mia pelle le loro uova (e per due settimane, dopo, dovetti tenermi i ponfi schifosi delle larve nel viso e nelle braccia, che erano l'unica parte nuda del corpo, non protetta dai jeans e dalla camicia).

João tornò a riprendermi all'ottavo giorno, come avevamo concordato con Rio. Non era cambiato nulla: lui sorrideva sempre, e aveva addosso la vecchia tuta di jeans, e la barba sempre mal rasata. Ora anche io avevo una barba lunga, e i capelli arruffati in aria; e nella sacca, portavo via con me la punta d'una freccia e un rametto di urucum.

L'urucum è una bacca magica, protegge dall'invasione degli spiriti maligni. I frutti della bacca, grandi quanto una mandorla, sono pieni d'una polvere appiccicosa, color marrone scuro; gli indios rompono il frutto e si passano sul corpo quella polvere, così tenendo lontani i diavoli della foresta.

Non è certo che i diavoli ne siano stati informati né che davvero si tengano alla larga; però è certo che quella polvere ha un'altra qualità, assai più modesta ma anche assai più utile: è un repellente naturale, che respinge (o comunque attenua) gli assalti dei moscerini che proliferano nella umidità bagnata della foresta. Quand'ero atterrato, quel pomeriggio ormai tanto lontano, mi aveva colpito il colore molto scuro degli indios, una tonalità della pelle assai più intensa di quella che immaginavo. Ora ne sapevo la causa, e perciò portavo via con me il rametto, per proteggere anch'io il mio corpo dalla invasione dei diavoli, in Europa.

Stavo tornando nella Storia, ora, lasciavo laggiù la natura e la lotta dell'uomo per sopravvivere; quel "popolo" della foresta mi aveva insegnato molto, li avevo scoperti compagni d'un viaggio dove il tempo muta i costumi ma non tradisce una identità comune.

Quando il piccolo aereo apparve sul fiume, e prima lui e poi il rumore del suo volo, la vita del popolo araweté si fermò, e corsero tutti verso la striscia di terra senz'alberi che si distendeva accanto al fiume. Era come un film che si arrotolava all'indietro.

João nemmeno scese dal seggiolino, io abbracciai "Fratello Gabriel" e montai al mio posto. E ora sentii quello che non avevo notato al mio arrivo, stordito allora dalla fascinazione di quel viaggio a ritroso nel tempo: un suono di schiaffi, inequivocabile, netto, rompeva il silenzio, appena coperto dal ronfare lieve dell'aereo. Erano gli araweté, che, schierati in due lunghe file, prendevano a sberle le zanzare che assaltavano loro e i loro compagni, indifferenti – le zanzare – alla magia repellente della polvere che avrebbe dovuto allontanarle insieme con i diavoli della foresta.

La notte la passai in un alberghetto di Altamira. M'ero rasato la barba, e avevo consumato più di qualche lungo minuto sotto la doccia; tornavo al mio tempo. Ma non riuscivo a prender sonno: mi mancava lo straordinario concerto che la foresta suona nella notte, strida, ululati, guaiti, latrati, grida, rumori di vita e di morte, l'infinita variegata partitura che, allo spengersi della luce del giorno, racconta come gli animali della foresta – silenziosi e muti fin che c'è il sole – affrontino la loro lotta quotidiana per la sopravvivenza. Quel concerto mi mancò ancora a lungo. Noi, figli della Storia, di notte dormiamo; ma la foresta, che la Storia la ignora, di notte vive e muore.

Ho tenuto sempre in casa il rametto scuro dell'urucum, che macchia la pelle e protegge dall'invasione degli spiriti maligni della foresta.

Ora, ricordando quei giorni e la riscoperta del tempo, rassicuravo me stesso che la macchia scura della radiazione sulla mia pelle avrebbe avuto lo stesso effetto dell'urucum sugli spiriti maligni del tumore.

6

La squadra dei lupi solitari

Non è tanto un problema di solitudine, sebbene sia vero che il mestiere dell'inviato speciale ci costringe assai spesso a vestire la pelle di lupi solitari. E però in guerra anche questa solitudine obbligata può subire una qualche mutazione, perché la dimensione del pericolo che comunque si deve affrontare – ma anche l'assoluta imprevedibilità delle situazioni di rischio nelle quali si resta coinvolti, magari al di là d'ogni volontà – talvolta spingono a metter da parte l'istinto della solitudine, e ad accettare la legge della tribù.

Dove ce n'è uno, alla fine magari se ne trovano dieci o cento; e a guidare sono quasi sempre i reporter americani, per la forza del potere politico-militare di cui sono comunque interpreti (nelle guerre del tempo recente, gli Stati Uniti sono leader naturale, oltre che storico) e per il peso simbolico che comunque il sistema mediale americano impone nella costruzione della realtà: il «New York Times», o la Cbs, o l'Associated Press, o perfino i siti dominanti della Rete, tutti o quasi tutti americani, impongono una lettura che non subisce contrasti significativi dagli altri media. Un inviato tenta sempre percorsi di autonomia, ma la sua voce – per quanto orgogliosamente sostenuta, quando c'è – non ha poi molta possibilità di disegnare scenari alternativi al dominio americano nella definizione delle gerarchie dell'informazione.

Alla fine, in Salvador o a Kabul, a Mogadiscio come a Baghdad, o a Goma, o ad Aleppo, o nelle mille trappole disperse del caos libico, la "tribù" si muove sostanzialmente compatta, una sorta di pittoresca banda multietnica e plurilingue che trascina nelle sacche paramilitari tutto l'infinito armamentario elettronico che forma ormai il bagaglio obbligato del giornalismo, telefoni satellitari, computer, modem, telecamere, chilometri di cavi, strumentazioni che nemmeno il più raffinato tecnico dell'Enel. E il lavoro va: di giorno, ognuno segue il proprio percorso, sniffa le scorciatoie, cerca i contatti e le dritte, si muove defilato sul territorio; però poi, quando si fa sera, si torna tutti, più o meno, alla base, un capannone, una topaia d'albergo, un riparo costruito alla meglio sotto il cielo, e il materasso se c'è, e sennò il sacco a pelo. Aspettando l'indomani.

Le regole comuni obbligate dall'asprezza di un duro lavoro competitivo, ma anche l'orgoglio di una ricerca autonoma in una realtà spesso mistificatrice, formano alla fine un tessuto psicologico, ed emotivo, molto coinvolgente, dove le relazioni personali hanno spesso i caratteri che sono propri di una vita di collegio: si fanno cose simili, si sta insieme comunque, e gli spazi diventano territorio noto a tutti. Gli orari, dettati dalla differenza dei fusi, sfasano durante la giornata interventi, trasmissioni, collegamenti, interviste, ma le metodiche praticate sono sostanzialmente uguali, e ci si riconosce in una identità comune.

È per questo, credo, che quando assorbii la batosta che Lilenbaum mi aveva dato con la sua voce quieta, e poi però disse anche che un tentativo di salvezza – pur "zero virgola zero" – poteva comunque essere praticato, sentii forte dentro di me il bisogno di non restare chiuso nella mia solitudine di condannato a morte. Non era paura, e nemmeno debolezza, nemmeno angoscia d'abbandono; mi parve naturale, piuttosto, di dover recuperare il "collegio", anche se quella piccola stanza bianca, linda e sterilizzata, era tutt'altro dai posti infami dove siamo soliti vivere il nostro tempo comune, nelle periferie luride delle guerre.

Dovevo farlo sapere ai miei compagni di vita. Certo, non è che tutti noi leghiamo davvero, le spigolosità dei caratteri e le diversità ideologiche possono creare cesure anche rigide, frammentazioni irrisolvibili; però un piccolo nucleo di noi ha cementato una fraternità capace di resistere a qualsiasi crisi. Siamo poco più d'una decina, "una sporca decina", e ci identifichiamo orgogliosamente come la "Sas". E alla Sas non potevo non farlo sapere: c'entrava poco o niente la prospettiva d'una lotta molto dura da impiantare in un percorso assolutamente sconosciuto, con ben poche speranze di riuscita; quello che contava, piuttosto, era che l'impegno che mi si chiedeva aveva un impatto destinato a chiamare in campo ogni mia energia. E quando il pericolo è alto, l'energia che il senso dell'appartenenza riesce a scatenare unisce alla forza del tuo spirito anche la forza identitaria di tutti coloro che con te condividono storie, avventure, emozioni.

Per qualche secondo il telefonino lo tenni in mano, incerto, anche perplesso. Mi frenava il pudore d'una storia comunque mia, e poi il timore che si potesse non cogliere il senso che io volevo dare a quell'appello, che non era una richiesta di qualche aiuto ma, piuttosto, la conferma ribadita d'una appartenenza.

"Sas" è un acronimo che nel campo militare ha una riconoscibilità immediata, identifica le forze speciali dell'esercito britannico, teste di cuoio di altissima qualificazione professionale che vengono impegnate nelle missioni più rischiose. La nostra "Sas", invece, era soltanto la proiezione d'una volontà ironicamente iconoclasta, il desiderio di marcare che questa nostra piccola milizia semiclandestina viveva il mestiere del reporter di guerra come un'avventura senza eroi e senza miti, consumandolo anzi nel paradosso d'un intento dichiaratamente antimilitarista: e Sas per noi voleva dire "Salutami A Soreta".

"Soreta" è sorella morte; e il nostro acronimo voleva portarci fuori dalle cose dannatamente serie che la guerra travolge, perché, nell'ironia, voleva dare alla nostra narrazione una misura rispettosa d'una realtà che noi sfioravamo appena, osservatori passeggeri d'una tragedia che comunque non era nostra. E volevamo rovesciare la paura e l'angoscia della morte – che comunque anche a noi appartiene – in uno sberleffo irriverente alla cultura militarista delle guerre.

Digitai una frase breve: «Mi hanno scoperto un tumore. Dicono che non ho speranze di vita. Ma io non cedo».

Feci partire il messaggio sms, ripetendolo per ogni nome del nostro gruppo: i clic furono poco più d'una decina, e ogni clic aveva per me, immediatamente, un viso, una parlata, una gestualità definita, anche l'immagine rapida d'una qualchc avventura vissuta assieme. La morte annunciata rinsaldava una nostra storia comune.

Passò appena qualche ora, nello stacco del fuso che distanzia l'Italia da Miami. Poi arrivarono le risposte, a catena, l'una addosso all'altra. Tutti avevano capito lo spirito del mio sms: non c'erano parole ovvie, o ipocrisie di circostanza, soltanto la manifestazione d'una condivisione naturale, immediata. Alla lettura del messaggio, quelli della Sas si erano subito parlati tra di loro, in un intreccio di telefonate stupefatte, anche sconcertate, ma subito partecipi: insieme, e pur da lontano, mi avrebbero accompagnato tutti, in questa mia imprevedibile avventura contro il cancro.

Lessi quelle risposte con un sorriso sempre più marcato, per la forza emotiva e l'energia che sempre più ne ricavavo a ogni nuovo sms che trillava nel telefonino. Leggendo, immaginavo la sorpresa addolorata dei miei compagni d'avventura, e però quasi vedevo anche la rapidità della loro reazione; in quei messaggi brevi di affetto e di solidarietà ne stavo ora recuperando ogni traccia rassicurante.

Alla fine, era proprio quanto mi aspettavo: di poter sentire che erano comunque parte di questa mia nuova storia, una storia che restava certamente, e assolutamente, mia, ma sul cui sfondo, laggiù, si mostravano anche loro, che con qualche comprensibile impaccio mi dicevano da lontano "ci siamo". Non sapevo se quel dialogo a distanza sarebbe continuato, e non immaginavo come si sarebbe potuto intrecciare con la mia difficile sperimentazione terapeutica; anzi, ripensandoci, non vedevo nemmeno le ragioni per un qualsiasi proseguimento. Il tumore era mio, e dovevo essere io a combatterlo; non c'era spazio alcuno per altri, non volevo pietismo, compassione, anche la più sincera e la più affettuosa. Ne sarei rimasto turbato, non avrei potuto condividere con altri il pudore d'una lotta che – lo immaginavo – avrebbe inciso profondamente su di me.

Al di là della immediata sensazione di morte obbligata, chi scopre d'avere un tumore, e però poi si avvia a un percorso terapeutico, disegna già su di sé un periodo di dura negoziazione con la carica distruttiva dei farmaci e delle metodiche d'intervento: non sarà possibile una resistenza del corpo all'attacco progressivo del cancro, se non a spese di un deterioramento delle condizioni generali, il tono dei muscoli, la perdita di peso, una dispnea angosciosa, l'astenia che rende difficile qualsiasi significativa attività fisica.

Si entra a pieno titolo in una nuova identità, amaramente evidente: quella del "malato", appunto. E la memoria dell'umiliante degrado che mio padre aveva subito nel suo lento cammino verso una morte certa, anche quando taciuta, mi torceva dentro: la perdita della dignità che comporta il ripiegamento del corpo verso debolezze inimmaginate e però incontrastabili – il passo sempre più lento, i muscoli flaccidi e stanchi, l'autocommiserazione, la difficoltà di ogni movimento – era un orizzonte che non avrei potuto condividere con nessuno.

Ma mi sbagliavo. Il giorno successivo, mi arrivò un messaggio molto affettuoso, nel quale si poteva leggere un pudore contenuto ma, anche, una mano tesa, aperta, comunque rispettosa: era di Vittorio Dell'Uva, l'inviato di punta del giornale «Il Mattino». In poche parole, Vittorio mi diceva di star tranquillo, che la Sas sarebbe stata certamente al mio fianco ma mai avrebbe voluto disturbare quella mia storia angosciosa; e, proprio per questo, i nostri compagni avevano delegato a lui il compito di tenere aperto il dialogo tra di noi, facendolo portavoce e interprete dei sentimenti di tutti. Solo lui mi avrebbe scritto, o anche telefonato, ma io dovevo sapere che le sue parole, e la sua voce, erano le parole e la voce dell'intera banda della Sas.

Fui grato a loro, per quella decisione. Non mi avrebbe impegnato in uno stressante rimbalzo di messaggi, alla fine insostenibile, e però mi dava il conforto d'una solidarietà non invasiva. E poi, Vittorio era davvero l'interprete ideale per quel ruolo. Sempre allegro, capace di cogliere gli aspetti più buffi o meno scontati d'una situazione, disponibile a condividere qualsiasi iniziativa ma saggio anche a discuterne pianamente le ragioni, Vittorio sembra riproporre la figura ricorrente di certe commedie partenopee dove l'apparenza d'una leggerezza di carattere del protagonista copre a stento, fino alla sorpresa della soluzione finale, una profondità di sentimenti che solo le storie di Eduardo sanno rappresentarci.

Leggendo le parole di Vittorio, e l'affetto che c'era dentro, mi venne in mente quanto vicino lui mi fosse sempre stato, con il ricordo anche d'una storia molto bella, esemplare del suo carattere, e che ci faceva ancora sorridere a lungo quando qualcuno di noi ne recuperava la memoria.

Era il novembre del 2001, ed eravamo in Pakistan, a Peshawar, a seguire l'attacco che George W. Bush aveva lanciato contro i talebani dopo il crollo delle Twin Towers di New York. Saremo stati un migliaio di reporter da ogni parte del mondo, ammassati nei due o tre alberghi di quella piccola città di frontiera, ansiosi di riuscire a entrare in Afghanistan. Premevamo ogni giorno sui cancelli del mitico Khyber Pass, porta di sentieri lungo i quali si erano sviluppati nei secoli le mosse del Grande Gioco, la guerra silenziosa di spie e diplomatici che l'impero britannico e quello zarista avevano combattuto su quelle montagne. Ci provavamo in ogni modo, tutti, e con le astuzie più arzigogolate, ma ne tornavamo sempre battuti. E mentre le settimane passavano con un senso crescente di frustrazione, facevamo intanto la corte a un piccolo edificio scalcagnato, dove stavano asserragliati alcuni fantasiosi personaggi di barba e turbante che rappresentavano la diplomazia talebana dell'altra parte della frontiera. In un modo o nell'altro, con il visto o senza visto, ci dicevamo, alla fine ce l'avremmo fatta.

Un mattino, circolò negli alberghi di Peshawar la notizia che i talebani avevano ammazzato il comandante Abdul Haq, il più celebre protagonista della lotta dei mujahidin contro l'invasione sovietica dell'Afghanistan (Hollywood gli aveva dedicato un film, e un best seller ne raccontò la storia). Abdul Haq, che aveva abbandonato il suo Paese dopo che i talebani avevano conquistato Kabul, e si era rifugiato a Peshawar, ora aveva tentato una incursione al di là della frontiera, rientrando nella sua terra, per comperare (con una borsa di cinque milioni di dollari, della Cia) l'alleanza delle tribù frontaliere contro "i seminaristi di Allah". Se ci fosse riuscito, gli americani avrebbero già vinto la loro guerra. Ma, tradito, era stato catturato e impiccato.

Con Maria Laura Avignolo, una reporter argentina con cui avevamo raccontato guerre e rivoluzioni dalle terre di mezzo mondo, pensammo che, andando in "visita di condoglianze" nella grande villa che Abdul Haq aveva a Peshawar, magari saremmo riusciti a scoprire qualche notizia interessante: la famiglia del comandante era uno dei più potenti casati afghani, e il suo potere valeva immutato anche da questa parte della frontiera.

La villa ne fu una prova evidente: nel prato del grande cortile, un centinaio di vecchi capi tribù stavano seduti sull'erba consumando accosciati il pranzo funebre, in un evidente omaggio a quel potere che ancora, pur dopo quella morte, imponeva il peso della propria forza. Maria Laura strinse il velo che portava sui capelli, e compunti, cauti, attraversammo quella foresta di barbe candide e di orgogliosi turbanti; ci accolse il giovane nipote di Abdul Haq, accompagnandoci in casa.

Mentre scambiavamo qualche inutile parola di cortesia, il suo telefono squillò. Si scusò e rispose, ma, ascoltando dalla cornetta, subito il suo viso dimenticò il lutto, si aprì a un sorriso, e con ampi cenni convinti del capo rispondeva felice alle parole che gli arrivavano all'orecchio.

Quando terminò, venne incontro a me con la mano tesa, ma a me uomo, non a Maria Laura: «Complimenti, lei è il primo giornalista a sapere che abbiamo preso Jalalabad ai talebani. Me lo ha detto ora mio zio, che ha comandato la conquista».

Come un avvoltoio sulla preda che improvvisamente si mostra, inaspettata e però succosissima, colsi al volo lo spazio dove tuffarmi: «No, no, complimenti piuttosto a suo zio e a tutti voi. Ma devo dirle che questa mi pare una straordinaria opportunità: se lei ci accompagnerà laggiù, al di là della frontiera, io porterò con me a Jalalabad i miei compagni italiani e potremo raccontare al mondo questa vittoria».

Spingevo l'idea del gruppo, e rinunciavo a un possibile scoop, per dare ai miei compagni della Sas una chance preziosa. Ma Rahim disse che no, che ringraziava i giornalisti italiani ma che l'avventura era troppo pericolosa, che ancora si combatteva e si moriva, e che bisognava aspettare. Maria Laura aveva però notato che Rahim non aveva fatto alcun cenno alla frontiera chiusa, aveva parlato soltanto di rischi e di pericoli. Mi fece allora un cenno con gli occhi, chiedendo un appoggio, e s'intromise: «Andiamo a Jalalabad, tutti. Lei ha gli uomini, le armi, il potere, e lei guiderà il convoglio oltre frontiera, e noi porteremo con noi non solo i giornalisti italiani ma i giornalisti di tutto il mondo. E il mondo intero potrà così sapere di questa straordinaria vittoria».

A Rahim brillarono davvero gli occhi, l'orgoglio della sua famiglia veniva risarcito e si spalancava una prospettiva che avrebbe cancellato il lutto e l'amarezza per il tradimento subito da Abdul Haq. Vidi nettamente il segno di un possibile cedimento, e non mi fu difficile forzare contro ogni residua resistenza: sapevo bene che, se c'era una sola possibilità di sbloccare ogni veto al passaggio della frontiera, quella possibilità l'aveva soltanto questo potente casato dell'etnia dei pashtun, genti e tribù che dominavano l'ampio territorio montuoso a cavallo tra Afghanistan e Pakistan. Per loro, il grande portone di ferro del Khyber Pass si sarebbe aperto sempre e comunque.

Rahim andò al telefono, serio, improvvisamente adulto più della sua ancora giovane età; e parlò con tono autorevole, quasi dettando le parole. Poi mi si avvicinò: «E va bene. Convoco i miei uomini; tra due ore partirà un grande convoglio armato. Saremo al Khyber Pass prima del tramonto. Lei però dovrà darmi l'elenco di tutti i giornalisti che porterà con sé: nome, nazionalità, testata».

Con Laura, esaltati, parlando già di mille progetti, volammo verso il Pearl Hotel, che era il meeting point di tutti i giornalisti. Entrammo di corsa nella hall e gridammo: «Si parte, si entra in Afghanistan. Chi vuol venire, passi qui a questo tavolo a registrarsi».

La risposta fu un silenzio imbarazzante. Qualcuno mi spiegò che da appena pochi minuti era rientrata dal Khyber la troupe della Bbc, respinta indietro ancora una volta, nonostante la potenza del suo nome e della sua storia; pareva impossibile che ora ci fosse una chance cui prestare un qualche credito.

Scrollai le spalle. Liberai di piatti e posate un piccolo tavolo, staccai un paio di pagine dal mio blocco per gli appunti, e ribadii a voce alta: «Noi si parte. Chi non sarà in questo elenco resterà a Peshawar».

Intanto mi si erano avvicinati quelli della Sas, e gli spiegai in poche parole. Vittorio si sedette all'altro lato del tavolo, e il suo fu il terzo nome che scrissi, dopo quello mio e di Maria Laura. Poi aggiunsi, uno dopo l'altro, i nomi di tutti i giornalisti italiani. E aspettai, con la penna in mano.

Attorno a noi si formò un piccolo gruppo, incerto forse, ma anche molto curioso, ed evidentemente tentato. Parlavano tra di loro, chiedevano informazioni, volevano conferme rassicuranti, capaci di vincere le loro perplessità. Come era mai possibile che dove non erano riuscite due corazzate mediatiche come la Cnn e la Bbc, autorevoli e forti come i loro due governi, potesse farcela un giornalista italiano magari di lunga storia ma di nessun potere politico? Com'era mai possibile?

Dopo alcuni minuti imbarazzanti, il primo ad accostarsi, e a parlare, fu uno svedese, che poggiò sul tavolo il suo passaporto e disse la testata che rappresentava; scrissi rapido, e restituii il passaporto. Poi fu un reporter dell'«Express», che conoscevo da tempo e mi disse: «Dai che ce la facciamo», poi fu uno spagnolo, poi altri due spagnoli, e intanto il gruppo attorno al mio tavolo diventava più folto, sempre più folto, e i reporter si accalcavano e le paginette del blocco si riempivano velocemente di nomi. Dovetti prenderne altre due, poi altre ancora. Fu un lavoro lungo, burocratico ma anche contagioso nelle speranze di tutti, perché, quanti più nomi si aggiungevano alla lista, di tanto cresceva la credibilità di quell'elenco, la sua legittimità a proporsi come lo strumento ufficiale che avrebbe aperto il passaggio del Khyber anche senza un visto ufficiale.

Ultimi, restarono alcuni americani e la Bbc. Ciondolavano attorno al mio tavolo, guardavano di sottecchi, parlottavano tra di loro, naturalmente tentati per la paura di lasciarsi sfuggire una opportunità mille volte ricercata inutilmente e però, anche, frenati dall'orgoglio dell'aristocrazia e del potere che essi sapevano di rappresentare.

Seduto accanto a me, Vittorio li guardava con un sorriso ironico, nascosto malamente, e ne commentava i passi in dialetto, e chiosava ogni loro atteggiamento; giocava divertito, consapevole, il ruolo della macchietta napoletana.

Quando, alla fine, terminai di scrivere quei nomi, e mi guardai attorno come a dire "bene, ora si chiude", quel piccolo gruppo di renitenti si avvicinò. Chiese di nuovo spiegazioni, volle sapere di Rahim e del convoglio, della partenza, delle garanzie che avremmo avuto, mi domandò esplicitamente quanta reale possibilità di passare ci fosse in quel mio tentativo. Risposi che la sola garanzia che potevo dargli era che io partivo, e con me partivano tutti quei nomi che ora loro avevano sotto gli occhi. Rahim stava preparando il convoglio, chi non partiva con noi sarebbe rimasto a Peshawar. Non potevo dire null'altro.

Cominciarono allora a mettere sul tavolo i loro passaporti, uno alla volta, uno dietro l'altro. Molti di loro li conoscevo bene, anzi tutti li conoscevamo molto bene: vedevamo sul televisore le loro facce e le loro storie, e ne leggevamo gli articoli sui giornali più autorevoli. Li avrei potuti citare a memoria. Ma volli prendermi la mia piccola rivincita, del David che si misura con i giganti del mondo dei media: a ciascuno di loro chiedevo e richiedevo il nome, e lo spelling, e gli chiedevo spudoratamente quale testata rappresentassero, come se fossero reporter sconosciuti, alla prima missione in guerra.

Vittorio, che aveva capito bene il mio gioco, non

riusciva a star fermo sulla sedia, si agitava, dava di gomito, ripeteva i nomi, li guardava dal basso e gongolava felice. Poi, quando il gruppo quasi si esaurì, aprì un sorriso che gli riempiva la faccia, e con un tono di voce che chiunque non capisse l'italiano poteva interpretare come una manifestazione di simpatia, ed era invece un sarcasmo ferocemente mascherato, continuò a ripetere in lingua napoletana: «*Spaccimme, e aora sì chi avite 'a passari sutta 'e nostre forche caudine*».

Lui sorrideva, e quelli lo guardavano senza capire queste strane parole; non potevano immaginare che in quel momento Vittorio interpretava il rovesciamento della Storia, cancellava passato e sconfitte e dolori degli umili per guadagnare la felicità d'una rivincita che valeva per lui, per il suo giornale, per la sua gente, per noi, forse anche per qualcosa che stava al di là della nostra piccola lezione sul tavolino d'un albergo all'ultima periferia del mondo.

In un angolo, Eduardo De Filippo osservava, e con lui c'erano Scarfoglio e Merola.

Partimmo, in un pomeriggio di sole e di euforia. In testa, tre blindati affollati di uomini con i kalashnikov a vista, poi un van con Rahim, il piccolo gruppo Sas e un paio di spagnoli, e infine il lungo convoglio di auto d'ogni marca e d'ogni colore con a bordo, ammassati ma felici come per una insperata gita scolastica, l'esercito dei reporter e le scorte dei miliziani pashtun in barba nera d'ordinanza.

Al Khyber Pass ci fu una breve trattativa. Rahim scese e si fece avanti; parlottò per qualche minuto con il comandante delle guardie pakistane di frontiera, in un silenzio che la montagna amplificava di echi: attorno a loro, ovunque, turbanti orgogliosi, baffoni, i fucili in evidenza. L'ufficiale ascoltava, rigido, impettito, poi piegò la testa in un piccolo inchino di rispetto, e fece il saluto militare. Si allontanò un passo, e girandosi di fianco lanciò un gesto autoritario verso gli uomini al grande portone di ferro. Rahim gli diede la mano sorridendo e risalì sul van, accanto a me.

Superammo il portone lentamente, consapevoli che passavano sulla strada d'una Storia che era di secoli, ed era come se avessimo vinto una difficile battaglia. Dal convoglio partivano grida di giubilo, e osanna e urla in ogni lingua; i kalashnikov scaricavano in aria le loro raffiche. Ce l'avevamo fatta.

Dentro il van, tutti abbracciavano tutti. Gli spagnoli mi ringraziavano, Julio e Maria Grazia si abbracciavano, Vittorio gonfiava il petto di orgoglio. Rahim mi disse: «Io ho mantenuto la mia promessa, spero che tu ne sia contento».

Gli strinsi la mano, felice. Ancora una volta, la Sas – quella *de noantri* – aveva fatto il proprio lavoro.

Ora, nell'ospedale di Miami, pensavo a Vittorio, e al suo messaggio. Lo avevo fatto leggere anche a Marinella, naturalmente, che ormai sapeva che il mio "serio problema" non era affatto una bronchite; e lei mi aveva abbracciato stretto. Contro il tumore avrei lottato io, ma non sarei stato solo.

7

Le neuroscienze in piscina

Non riuscivo a leggere.

Mi sforzavo, cercavo di tenere fermo nelle mani il libro, mi concentravo sulle righe, ma era inutile. Gli occhi mi bruciavano, la luce intensa mi feriva. E dopo qualche minuto dovevo mollare, scorato, frustrato. La chemio mi stava divorando, e di questa privazione della lettura ora soffrivo più che d'ogni altra impotenza fisica.

Ho amato leggere da sempre, da quando ne ho memoria. Il mio primo libro, lo ricordo ancora, aveva il titolo *Giorgio Picchia, calciatore*, me lo comprò papà per le mie lagnose insistenze, avevo nove anni, e mi aveva affascinato la copertina colorata intravista nella vetrina del libraio di Reggio Calabria, l'unico libraio della città, un piccolo negozio quasi sempre deserto, all'inizio di corso Garibaldi.

Eravamo una famiglia di condizioni modeste, papà e mamma avevano chiuso il loro ciclo scolastico alla quinta elementare; non si potevano permettere di più, ma ci avevano trasmesso – a noi, i tre figli – quello che a loro non era stato possibile: l'impegno dello studio e il fascino del sapere. E anche il valore della lettura: ci avevano comprato, a rate faticose, naturalmente, l'intera serie cartonata della *Scala d'oro*, della Utet, una straordinaria collana di letteratura per l'infanzia (ancora straordinaria, nel mio ricordo di oggi), che noi leggevamo e rileggevamo, sognando avventure e scoprendo il mondo. È stato così che poi, ormai giornalista, non c'è stata missione per la quale io sia partito, guerre o storie di popoli che dovessi raccontare, che non portassi nella sacca con me un paio di libri, quando non tre o quattro.

Al liceo avevo poi potuto consolidare questa mia passione di bambino. Già mi davo un aiuto da me stesso, e con le poche lire che ricevevo in regalo per le feste, e che risparmiavo rinunciando a giochi e leccornie, mi premiavo comprando uno dei minuscoli librini grigi della Bur per ogni voto 7 che i professori mi davano (erano 50 lire, mi pare), e un volume doppio (100 lire) per ogni 8. Quando poi riuscivo ad avere un 9, ma naturalmente era molto difficile, allora mi premiavo con uno dei libri della collana del *Pavone*, della Mondadori, più costosi ma più affascinanti nella loro copertina disegnata, e anche più legati al tempo del mio tempo: e fu così che, innamorandomi della vita, degli amori, e della morte, di Robert "l'americano", che nella Guerra di Spagna combatteva per le Brigate internazionali, incontrai Hemingway e decisi che avrei fatto il giornalista.

La passione vera della lettura, comunque, si scatenò,

ed esplose, quando scoprii che un mio compagno di classe, Beppe Piemonte, aveva un papà bibliotecario. In realtà il papà era un funzionario della Camera di commercio, e per chissà quale astrusa decisione d'un dopoguerra in via di sistemazione quel palazzetto istituzionale ospitava una fornita biblioteca dell'Usis, l'Information Service degli Usa; si poteva prendere in prestito soltanto un libro la settimana, il martedì, ma la mia amicizia con Beppe mi diede libertà di accesso a quei vecchi, affascinanti, scaffali stracolmi: e fu la felicità.

Tornavo a casa quasi ogni pomeriggio con la cartella piena di libri, che divoravo insaziato. Scoprii la ricchezza della letteratura americana e inglese, e in anni nei quali ancora la formazione dai banchi del liceo seguiva la tradizione classica e la fascinazione della letteratura francese (a scuola si studiava soprattutto il francese, non ancora l'inglese), mi fu possibile costruire una conoscenza più articolata, orientata già a un intreccio con le sollecitazioni dell'attualità. Tanto più che, accanto alla letteratura, in quegli scaffali avevo scoperto nomi per me presto irresistibili, Vance Packard per esempio, e David Riesman, e Wright Mills, protagonisti degli studi di sociologia che in quegli anni erano – e non solo a Reggio – un orizzonte assolutamente sconosciuto, dove si aprivano percorsi che cominciai a tentare, incuriosito e rapito da un panorama di conoscenze possibili che la scuola non sapeva darmi.

Ora la chemio mi stava bruciando quel mio mondo, mi imponeva un amaro appiattimento verso una realtà che dovevo vivere ripiegato sempre più sulle drammatiche limitazioni di me stesso.

Fin che c'erano state le sessioni di radioterapia, non avevo avuto alcuna reale percezione del fatto che comunque mi stavo portando addosso una condanna a morte. Certo, la notizia di "quella cosa" se ne stava acquattata da qualche parte nel fondo della mia testa, vaga, indefinita, comunque silente, mentre la mia vita continuava senza cambiamenti, la piscina e la palestra al mattino, poi l'ospedale, e la sosta rapida per le radiazioni; rientrato a casa, facevo colazione, riprendevo la lettura dei giornali americani, e poi via di corsa, impazienti, andavamo al mare con Marinella, quelle fantastiche spiagge bianche di Miami Beach, con la lunga distesa di sabbia quasi vergine di orme, le palme sfogliate dal vento, una solitudine non violata da nulla, e i libri da divorare accanto all'oceano, sotto l'ombrellone.

Talvolta dovevo anche scrivere un pezzo per il giornale: naturalmente, avevo comunicato al direttore la mia nuova, imprevista, situazione, e la scelta, obbligata, di fermarmi negli Usa; Giulio Anselmi, un vecchio amico degli anni vissuti a Genova dopo ch'ero "emigrato" da Reggio, mi aveva rassicurato, lasciandomi decidere come meglio io credessi. Il mio rapporto di lavoro con il giornale non cambiava; certo, non potevo avere missioni da svolgere in giro per il mondo, ma avrei ugualmente continuato a scrivere – quando avessi potuto – anche restando negli Usa. E a me, scrivere non dava alcuna fatica; anzi, mi faceva sentire ancor più netta la sensazione che nulla era cambiato da "prima", che io ero sempre io, e che il tempo può assorbire ogni tensione, anche quando drammatica.

Perché, la cosa più difficile è avere la forza di conservare la propria identità pur tenendosi dentro, nel fondo dell'animo, la memoria che comunque, ogni giorno che passa, ti brucia via il tempo, la storia, e pure la vita. Che per me, poi, era già cambiata.

Fu tutt'altra vita, infatti, quando venne l'ora della chemioterapia. Il primo mese, con la sola radioterapia, era filato via che quasi non me ne accorgevo. Ma ora, con la chemio, cambiava tutto, perché la chemio non è la routine delle sessioni tutte uguali della radioterapia, che tu ti stendi su un tavolone, i tecnici tracciano con i raggi di luce una sorta di trigonometria per fissare il punto del corpo che il laser deve colpire, poi tu stai fermo immobile, il minuto scorre via veloce, e già sei fuori.

Grazie, a domani, avanti un altro.

La chemio no, la chemio vuole tempo, e il tempo che passa si porta tensione, e anche angoscia, perché quelle quattro ore che devi consumare sdraiato sulla poltrona, l'ago nel braccio, e la sacca del liquido che si vuota lentamente, sempre troppo lentamente, ti costringono a entrare in una dimensione, anche fisica, dove la reclusione dello spazio e l'obbligo di comportamenti rigidamente dovuti si impongono su qualsiasi autonomia, rendendoti evidente che hai perduto la tua libertà. Che ormai sei un altro da te.

Al Mount Sinai, l'edificio del Cancer Center sta in fondo a un lungo viale senza ombre e bruciato dal sole, quasi isolato dagli altri *buildings* e comunque diverso da loro, tutto in vetro azzurrato, modernissimo che sembra uno di quei centri pilota dove, in qualsiasi parte del mondo, l'alta tecnologia celebra con un'architettura funzionale il proprio orgoglioso distacco da un passato ormai superato. Il mare lo sfiora dal basso, blu, quasi verde, e il silenzio che lo circonda è accompagnato dal soffio caldo e lieve del vento che viene su dall'acqua.

Quando, in tarda mattinata, ci arrivavo per la mia seduta di chemio, mi sembrava che la diversità architettonica del Center rispetto agli altri edifici del Mount Sinai volesse sottolineare simbolicamente la natura differente del cancro, la sua pericolosità letale, come se le diagnosi e le terapie che venivano praticate dietro quelle ampie vetrate azzurre meritassero un rispetto, una considerazione, che misuravano nella eleganza postmoderna del Center il contrasto con le malattie e le affezioni d'ogni altra natura curate in tutti gli altri edifici dell'ospedale, solidamente tradizionali nelle loro strutture di cemento colorato d'ocra.

Il salone che raccoglie gli ammalati che attendono il turno della sessione mi appariva come la confortevole sala d'aspetto di un centro di alta tecnologia, vetrate tenuamente schermate, comode poltrone, le riviste, un carrello dotato d'ogni bevanda leggera, latte, caffè, snack di cracker e formaggi, dolcini colorati.

Era come stare dentro un film, che fai la comparsa e ti guardi attorno e non sai se stai già recitando. Ma erano gli uomini e le donne che popolavano la sala, tutti vecchi, incartapecoriti, le rughe segnate di netto, la pelle bianca di latte, le labbra strette, erano loro che frantumavano l'ipocrisia seduttiva dell'ambiente, e lo riportavano a una dimensione penosamente realistica: l'atmosfera rarefatta, sterilizzata, dava alle figurine sedute, mute e immobili, uno sfondo accorato da museo delle cere, dove ciò che è finto è comunque una riproduzione del vero e il vero non è mai così vero.

Io ero il più giovane, in quel popolo di cera, che mi osservava ma senza alcun interesse, ciascuno avvinghiato soltanto alla propria continuità quotidiana come unica speranza d'una possibile sopravvivenza. Ai loro occhi stanchi, malati di egoismo, io rappresentavo una storia che può offrire pluralità di apparenze ma si porta addosso il segno d'un destino comune. Salutavo sorridendo, quando arrivavo, ma il silenzio immobile dominava l'aria; soltanto qualche coppia di vecchi irrigiditi mormorava sottovoce parole indistinte, senza suono. Il tumore è una malattia cronica, di vecchi. Per chi vecchio non è ancora, il tumore viene piegato a diventare anch'esso un progetto di sopravvivenza, nella speranza di riuscirci comunque prima d'una morte sempre possibile.

Poi una infermiera chiamava un nome, e le cere riprendevano vita. Le sedute di chemio non sono dolorose, il liquido scorre lieve, goccia dopo goccia, e i leggeri sbandamenti che già avverti sono soltanto il segno sbiadito, insignificante, di quanto poi dovrai subire, ben più duro, distruttivo.

Davanti alla poltrona, un piccolo televisore mi raccontava storie quotidiane dell'America popolare, tutti a ridere rumorosamente con schiamazzi preregistrati e a fare quiz di cui non capivo granché; nella prima sessione di terapia, stordito da quella brutalità, avevo chiesto che, almeno, mi connettessero con il canale 46, quello della Cnn. Ma poi avevo desistito, non riuscivo a concentrarmi. E mi lasciavo andare in una sonnolenza torpida, nella quale scivolavo sentendo che la vita mi sfuggiva senza che avessi la forza di trattenerla.

Erano paturnie di un momento, o comunque tali erano sembrate all'inizio. Ma poi la mia vita era cambiata davvero, stravolta dall'onda d'urto della chemioterapia, che è lunga e non si ritrae mai. Io cercavo ugualmente di non farmene travolgere, ma era una fatica dannata. Fuori, all'esterno, nulla pareva esser cambiato; il cambiamento, però, era dentro di me, perché la chemio si porta via le tue forze e la tua integrità senza che tu possa resisterle. La testa si fa vuota, la gambe tremano, il respiro si accorcia, e il vomito, il disgusto insopportabile del vomito, accompagna ogni ipotesi d'un cibo da consumare, quale che esso sia, uguali tutti, senza distinzione alcuna.

Chemio e radioterapia si intrecciavano dentro lo scorrere dei giorni, con un'altalena di reazioni che non sempre riuscivo a controllare. La dietista mi seguiva da presso, registrava il peso, le variazioni, l'inappetenza; mi rimproverava anche, con quei modi diretti che gli americani usano spesso e non sai mai quanto siano formali e quanto di convenienza.

A seguirmi – me come gli altri pazienti, immagino – c'era una équipe organica, con l'oncologo, lo pneumologo, l'internista, la nutrizionista, e lo psicologo. Mi sentivo una sorta di cavia, nessuno mai mi aveva tallonato così strettamente, misurato, pesato, interrogato, scrutato e sviscerato in ogni possibile variazione dalla regolarità che mi era assegnata. Non sapevo se attribuire tanta vigilanza al fatto che ero protagonista di una sperimentazione, il *trial* che Lilenbaum aveva deciso di tentare per salvarmi da una morte annunciata; oppure se quella fosse una pratica comune per tutti i pazienti che sono *dead man walking*. Ma mi piaceva immaginare che ci fosse un occhio particolare, e che in qualche modo la mia vanità potesse trarre conferma di se stessa.

Dopo qualche tempo, venne a trovarmi a Miami mio fratello Saverio con Anna, sua moglie, per dare qualche giorno di libertà a Marinella, che potesse rientrare in Italia, a seguire il suo lavoro al giornale e dare una soluzione ai più urgenti problemi di casa, laggiù.

Per quei pochi giorni volevo fare al meglio la guida della città, far vivere ai miei ospiti lo stile di vita di Miami, rivelare gli umori segreti e riservati che il clamore mondano di Ocean Drive soffoca doviziosamente, e immergerli nel melting pot di culture e nazionalità. Ma fu una fatica bestiale; spesso, in quel periodo, le sessioni di chemioterapia mi troncavano gambe e respiro, ogni due passi dovevo fermarmi e sedermi, e la lama del sole mi inchiodava sul marciapiede.

Resistevo, per quanto possibile, ma era un limite

che si ritraeva sempre più. Poco alla volta, giorno dopo giorno, le mie opzioni di libertà si erano andate riducendo: avevo dovuto rinunciare ad abbandonarmi alla lettura distesa, ed era stata una rinuncia pesante, appena attenuata dai giornali americani che comunque continuavo a sfogliare; avevo dovuto rinunciare anche al sole, l'ombrellone sulla sabbia era ormai la mia sola possibilità, e poi avevo dovuto trascurare anche le camminate di mezz'ora sul tapis roulant della palestra del nostro palazzo, al piano terra, accanto alla piscina: il fiato, spesso, mi mancava, e le gambe si facevano molli come una marmellata.

Non l'usavo per altri esercizi, la palestra; le macchine dei pesi no, non le ho mai usate, mi sembrano un additivo artificiale; ho sempre avuto l'orgoglio di una struttura fisica venuta su naturalmente, con fibre muscolari lunghe e un buon equilibrio tra forza ed energia. Quand'ero ragazzo e stavo per essere selezionato nella squadra nazionale juniores di atletica leggera, durante la preparazione collegiale al Centro federale di Formia l'allenatore dei velocisti che ci osservava negli scatti e nelle progressioni mi aveva detto: «Hai le gambe più belle d'Italia», che ancora divento rosso di pudore quando soltanto ci penso.

Ora, sempre più spesso, dovevo ritrarmi, perdere l'idea di me, nella nuova, inusuale, debolezza. Quando la decadenza fisica incide in misura netta, pesante, sulle abitudini della quotidianità, il pensiero della morte ne viene brutalmente spazzato via, cancellato da ogni sede del cervello: la morte finisce proiettata in una dimensione metafisica, astratta, lontana, che interviene molto raramente sullo svolgimento pratico delle tue giornate, sui passi, i pensieri, le relazioni, gli affetti; quello che ora conta, invece, e che travolge il tuo tempo, è proprio la difficoltà del vivere minuto, l'inepparsi improvviso d'un meccanismo che sembrava naturale nella sua continuità – cioè che non potesse essere altro da quello che è – e, con sorpresa, con amarezza, scopri invece quanto costruito, articolato, delicato, e fragile, esso sia.

Le ondate della chemio, e il loro impatto fisico, erano la crisi più forte che stavo ormai affrontando. Sapevo di essere entrato in un ciclo determinante, che avrebbe deciso la mia vita, lo sapevo e però non ne ero affatto turbato; tentavo la mia vita di sempre, e non m'inquietava proprio per nulla che stessi su un ciglio franoso, la cui tenuta non potevo valutare. Anni di lavoro sul campo, in territori dannati di guerra e di morte, mi avevano dato un costume mentale capace di assorbire senza traumi quanto mi andava accadendo: non mi fermavo a riconsiderare il rischio, il pericolo, la indeterminatezza che avevo appena attraversato, l'incertezza che avevo di fronte. Quello era accaduto; bene, andiamo oltre.

Alla fine degli anni Settanta, quando un obice, a Beirut, impattò il terreno a meno di venti metri da me, e lo spostamento d'aria mi fece volare rilanciandomi come un pupazzo, mi tirai su un po' stordito, naturalmente, e mentre mi spazzolavo dalla polvere considerai soltanto che ero fortunato che quello fosse uno slargo di terrapieno, e che non c'erano state schegge a colpirmi ma soltanto zolle morbide di terra.

E a Baghdad, vent'anni dopo, mentre parlavo al telefono satellitare con il direttore, un missile piombò a pochi metri dalla mia stanza d'albergo, proprio di fronte a me, e, anche lì, lo spostamento d'aria mi fece balzar via dalla sedia e finire sotto al tavolo sul quale stavo scrivendo al computer (tengo sempre la finestra spalancata, per assorbire senza danni l'onda d'urto dei colpi); mi tirai su, rassicurai il direttore, che appariva assai più preoccupato di me, e continuammo la nostra conversazione.

La morte, la sfida con la morte (che poi era una sfida mia soltanto a dirlo, perché nei fatti io c'entravo poco con quanto stava accadendo: erano altri a sfidarla per conto mio), la morte comunque restava assai lontana dai miei pensieri; ora c'erano le incombenze pratiche, le difficoltà materiali, le angustie di un vissuto che talvolta, e sempre più spesso, mi sfuggiva di mano, e dava concretezza angosciosa a quanto mi trovavo ad affrontare.

Naturalmente, e per quanto mi era possibile, cercavo di mantenere il ritmo di vita e le abitudini più comuni. Passati i momenti acuti delle crisi, sopportavo abbastanza il malessere di fondo che mi accompagnava sempre, lo accantonavo in qualche angolo lontano del mio cervello, e fingevo – ma più agli altri che a me stesso – che nulla fosse cambiato; e si continuava.

Leggere era difficile, perché le mani mi tremavano e

le righe ballavano? Non importa, ci provavo sempre, e qualche pagina comunque riuscivo a scorrerla. Al sole non potevo più starci? E va bene, mi accontentavo dell'ombrellone, e il mare però era lì, a due passi da me e mi rassicurava. I miei spazi vitali mi si erano ristretti, quasi mi soffocavano, ma continuavo in ciò che potevo.

La cosa che sentivo più importante era che dovevo avere la capacità di conservare la mia energia mentale, dovevo saper continuare a sostenerla, senza mai lasciarmi smontare dalle difficoltà e, soprattutto, non piegarmi – per pigrizia o rinuncia o stanchezza psicologica – a ciò che ora mi sembrava impossibile e probabilmente non lo era. Non dovevo cedere.

A quel tempo, gli studi sulle neuroscienze erano ancora accompagnati da molte perplessità, se entravano nel territorio poco scandagliato delle relazioni tra biologia e psicologia. E quando, al Mount Sinai, provavo ad accennare al mio convincimento che l'energia psichica scatenata dalla forza di volontà ha una qualche incidenza diretta sulla fisiologia del nostro corpo, e comunque sulle sue manifestazioni, il consenso più certo lo ritrovavo proprio in Lilenbaum.

Il mio oncologo fin dal primo giorno mi aveva sollecitato fermamente a non cedere alle violenze che il tumore e le terapie avrebbero procurato al mio corpo: «Devi reggere con fermezza il tuo desiderio di contrastare la malattia che hai dentro, devi cercare di mantenere il tuo stile di vita, i tuoi impegni, la tua identità. Oncologo e malato sono complementari».

Se pur avevo dovuto rinunciare alla "passeggiata" del mattino sul tapis roulant, perché le gambe spesso sembravano non reggermi, non avevo però ceduto all'impegno che avevo con me stesso di far mezz'ora di nuoto in piscina.

Non amo nuotare in piscina, di gran lunga preferisco il mare; il mare è la natura, la vita originaria, la radice del tempo e della storia, mentre la piscina – per dirla in maiuscolo – la vivo come uno dei tanti succedanei artificiali con cui abbiamo appreso a costruire l'imitazione della natura.

Le onde sempre in moto, l'acqua brutalmente salata, talvolta i pesci e i gabbiani, e le alghe, e il vento, danno una eccitazione vitale, mentre nuoti, che nessuna piscina, anche quando grande, elegante e colorata d'azzurro, riuscirà mai a impattare.

Ma il palazzo dove io vivevo aveva la piscina, una grande piscina giù, in basso, e non il mare; il mare lo avevo di fronte, a pochi metri, e però non era praticabile per le incursioni degli squali. Perciò, alle sette del mattino la piscina non aveva alternative; e mi stava bene, pur di poter nuotare. Marinella dormiva ancora, non incontravo mai nessuno, e quella solitudine riscattava la mia insofferenza. C'erano solo le palme svegliate dalla brezza, e un grande parco dove, laggiù, alcuni salutisti mattinieri facevano jogging.

Nuotavo mezz'ora, che sono venticinque vasche, avanti e indietro senza interruzione. L'aria era sempre limpida, e da una lunga siepe fiorita il vento leggero portava sulla superficie dell'acqua un profumo dolce, vagamente esotico. Nuotavo crawl, lo stile libero, una bracciata dopo l'altra, la respirazione ogni due bracciate. A dire che fai mezz'ora di nuoto sembra quasi una follia: ma quando hai preso il ritmo delle bracciate e della respirazione, la difficoltà neanche la vedi. È come per coloro che fanno jogging, o più ancora per i maratoneti: il ritmo riduce l'intensità dello sforzo, fin quasi ad annullarlo, e si va avanti come un cronometro, un passo dopo l'altro, una bracciata dopo l'altra.

Ma quel mattino, no. Mi ero svegliato tardi, perché la sessione di chemio del giorno precedente era stata davvero pesante, brutale, e mi aveva piegato in due. Non ero andato nemmeno al mare, e anche Marinella era rimasta in casa a scrivere. A mezzogiorno, però, decisi che non importava: quello che non avevo fatto all'alba, dovevo farlo ora. Scesi in piscina. Non c'era nessuno, il caldo e il sole attutivano il profumo della siepe.

Mi calai in acqua, con un sospiro che mi veniva da dentro, lungo, preoccupato, e mi distesi per cominciare a nuotare. Iniziai lentamente, perché mi sentivo molto debole, poi tentai di trovare il ritmo, progressivamente, senza mai forzare. Feci una ventina di bracciate, un po' più rilassato, ma ancora non ero affatto soddisfatto; una fatica imprevista mi rendeva pesanti braccia e gambe, e il galleggiamento comportava un impegno inusuale. E tuttavia non potevo mica fermarmi; dovevo continuare comunque. E continuai.

Due, tre, quattro, dieci vasche, ma sempre con quella sensazione di fatica che mi bloccava il respiro e induriva i muscoli. Non potevo smettere, però; dovevo continuare. Dovevo.

Mi rovesciai e ripresi un'altra vasca, la undicesima. Avevo ancora molto tempo davanti a me, molta fatica. Forza, dai, uno-due, respiro, uno-due, respiro, uno-due, respiro, e arrivai in fondo, finalmente, e mi rovesciai; ma era come se non ce la facessi a uscir fuori, all'aria, ero privo d'ogni forza, quasi rattrappito.

Venni in superficie, alla fine, ma dovetti bloccarmi: non riuscivo più a respirare, il fiato era tronco, galleggiavo a stento. Dovetti aggrapparmi alla scaletta, per non affogare. E stetti lì per qualche minuto, avvinghiato, il respiro affannoso, il cuore che scoppiava.

Risalii a fatica i gradini, e andai a stendermi su un lettino. Il torace andava su e giù affannato, a un ritmo folle, tenevo gli occhi chiusi, esausto per la sconfitta più che per la fatica, e involontariamente stringevo con forza le mani aggrappate ai bordi di quel giaciglio. La testa era tormentata da un turbinio di pensieri: angoscia, paura, ansia, rabbia, si mescolavano attorcigliandosi dentro di me, e mettendomi per la prima volta davanti al fantasma della mia impotenza. Dunque, avevo perduto. Il tumore mi aveva sopraffatto, e io ero soltanto la larva della mia morte.

Con gli occhi chiusi, facevo i conti con me stesso. Non avevo mai ceduto di fronte alla impossibilità, sempre avevo tentato di andare oltre, e alla fine ce l'avevo fatta. E quasi a risarcirmi di questo cedimento che mai avrei voluto, ora tiravo fuori dalla mia testa immagini e storie che mi rassicuravano: era come un film di vecchie sequenze alle quali mi aggrappavo, umiliato ora ma anche orgoglioso di quel passato, la lunga notte nella stazioncina sulle Ande, la trappola quasi mortale in Salvador, la Libia di Gheddafi, l'Afghanistan impenetrabile. Facevo quasi un rimbalzo dall'una storia all'altra, e mi accorgevo che era una risorsa che io mi stavo offrendo inconsciamente per ritrovare volontà ed energie disperse, come fanno certi atleti che devono recuperare autostima e si consegnano a un training autogeno che li conforta e li sospinge.

Riaprii gli occhi.

In alto, il cielo si stagliava limpido tra le larghe foglie delle palme. L'intensità della luce mi sorprese, allungai la mano verso lo sgabello per prendere gli occhiali da sole, ma restai a mezz'aria.

No, non potevo cedere.

Ridiscesi allora in acqua, e cominciai a nuotare, lentamente e però con una energia che avevo dimenticato. Quando fai una lunga nuotata, se ci sei abituato, il tempo non passa mai; in testa s'incrociano mille pensieri, mille idee, progetti, desideri, qualche rimpianto, però alla fine su tutto vince la noia, per la monotonia spossante dell'impegno. Io invece, quel giorno, m'accorsi subito che in testa avevo ancora l'Afghanistan, Tripoli, il Salvador, Baghdad, perfino quel salto in lungo che a Trapani mi aveva fatto fare un record inaspettato e io correvo e correvo nella pista facendo balzi di gioia che nemmeno Lewis.

Uno-due, respiro, uno-due, respiro, le bracciate si

susseguivano ritmiche, distese, e così le vasche, una dopo l'altra, che io le contavo mentre correvo felice sulla pista di Trapani e mi rifugiavo dal cecchino nella piazza Verde di Tripoli.

Ora sapevo di nuovo che l'energia della volontà sa travolgere ogni impedimento, che, se vuoi davvero, non ti è impossibile nulla, e uno-due, respiro, uno-due, respiro, la bracciata lunga, il fiato rilassato, le gambe battevano il crawl come un piccolo motore, e via un'altra vasca e via una ancora. Arrivai a venticinque vasche che davvero volevo mangiarmi il mondo.

Ebbi un attimo, ma appena un attimo, di incertezza, in dubbio se fermarmi ora che avevo raggiunto il mio obiettivo. Poi dissi a me stesso: ora fagli vedere tu, al tumore, chi sei, e fagli capire quello che dovrà subire da te se pretenderà di batterti. Lo dissi quasi parlando, come se non stessi dentro l'acqua, tanta era la forza, il vigore, l'energia vitale che sentivo dentro di me.

Ventisei, ventisette, ventotto, ero una macchina furiosa, un motore a pistoni che macina lo spazio e il tempo. Poi quaranta, poi cinquanta, e non mi fermavo ancora, poi 51, 52, 53... Decisi che a 55 poteva bastare. E quando contai 55 mi arrampicai su per la scaletta, e guardai l'orologio al polso: avevo nuotato per un'ora e cinque minuti. Mi sentii quel Gregorio guardiano del Pretorio che c'aveva *ddu metri de torace* nella televisione di Carosello, al tempo della mia adolescenza; il mondo era nelle mie mani.

Con un sospiro d'orgoglio, guardai in alto, il sole, e l'azzurro luminoso del cielo; con lo sguardo incontro lassù, al quattordicesimo piano, Marinella che intanto si era affacciata al balcone, in pensiero per quella mia lunga assenza. Lei doveva aver visto l'ultima parte del mio combattimento dentro l'acqua. Sorrise dall'alto, e mi fece ok con le dita della mano.

Anche se lei non poteva sentirmi, le dissi piano: «Sì, ce la faremo».

Marinella era stata straordinaria. Aveva capito presto che la favola della "pesante broncopolmonite" tentava di coprire una realtà assai più drammatica; ma non aveva voluto ferirmi rinfacciandomi la mia menzogna. Era come quando partivo per una guerra, che mi sorrideva, facendo di sì con la testa, mentre io le andavo spiegando che questa volta non c'erano rischi, che questa volta non c'erano battaglie da seguire, che si trattava di fare un racconto ampio, un reportage di scenario più che di fatti. Lei ascoltava e diceva di sì abbassando la testa, con un sorriso di comprensione, come si fa con i bambini per rassicurarli, ma i suoi occhi mi raccontavano altro. Poi, il giorno che dovetti dirle la verità, che la parola tumore entrò nelle nostre parole perché la chemioterapia ha un vocabolario senza sinonimi, pianse abbracciandomi, ma con lacrime quiete: sapeva già tutto, anche se mai ce lo eravamo detto; solo che ora eravamo diventati complici, ora avevamo un segreto da condividere. Un brutto segreto, e però non ci faceva più paura, lo avremmo smontato.

«Ok» mi diceva da lassù, dal quattordicesimo piano. E mi sorrideva.

8

Ciò che si è vissuto

Qualche giorno dopo, Lilenbaum volle parlarmi. Ci andai gasato ancora da mille endorfine: avevo ritrovato, intatta, la mia forza mentale, la carica d'energia che mi fa capace di reggere qualsiasi confronto, restituendomi la certezza di uscirne libero da qualsiasi impatto.

Nel suo studio, accanto al computer, Lilenbaum aveva carte e documenti impilati come dopo una consultazione. Mi fece sedere sullo sgabello, e sorrise: «Se all'inizio avevo detto che le possibilità di riuscita erano zero virgola zero, ora posso dire, pur con ogni possibile cautela, che siamo a *fifty-fifty*: abbiamo cinquanta probabilità su cento di farcela». Era sereno come sempre, ma si vedeva che dentro di sé tratteneva a stento una grande soddisfazione. Era il medico che parlava, naturalmente, ma c'era anche un moto personale, la consapevolezza cioè del risultato d'un impegno che era andato oltre le pratiche terapeutiche e l'aveva coinvolto più a fondo, forse perfino nei sentimenti.

Ma lo guardai tranquillo, senza dar troppo di testa. Certo, lui diceva *fifty-fifty*, e io, che sapevo quanto cauto lui fosse sempre stato, leggevo in quella percentuale ancora equilibrata la dichiarazione d'un successo già annunciato; però non me ne sentii sorpreso. Da quando Lilenbaum aveva aperto alla sperimentazione il verdetto di condanna a morte, per me era come se il cancro fosse già una storia superata. Il tumore, la chemio, potevano anche abbattermi, e costringermi alle miserie d'una debolezza che fiaccava le mie forze, ma il mio spirito vitale, la mia capacità di assorbire le difficoltà che mi trovavo a dover affrontare, in qualsiasi circostanza, reagendo d'orgoglio, quelle energie positive io non le perdo mai; o, comunque, le recuperavo subito, se per caso si fossero incrinate.

Perché, e questo è ciò che mi dà la forza, si può anche fingere di essere come gli altri, ma ciò che si è vissuto si è vissuto.

E per questo, anche, raccontai a Lilenbaum di Conrad, di Joseph Conrad.

In quei giorni, si era unito all'équipe medica che mi seguiva un giovane dottore romano, venuto a Miami per uno stage formativo. Era molto gentile, cordiale, e quando mi aveva incontrato per la prima volta, dopo un attimo leggero di imbarazzo, mi aveva anche detto: «Ma io, lei l'ho già vista». E raccontò ai suoi colleghi di avermi seguito, un giorno, in Italia, in una trasmissione televisiva dov'ero ospite e parlavo del mio lavoro.

Mi parve che questo li colpisse, era come se quella comparsata in Tv avesse dato realtà concreta a quanto Lilenbaum e gli altri sapevano di me molto vagamente, per qualche asciutto accenno di Francesca. Non volevo fare alcuna testimonianza di protagonismo, tento sempre di sfuggire alla retorica che accompagna inevitabilmente il mestiere del reporter di guerra. E volli raccontare di *Lord Jim* proprio per smontare subito questo rischio.

Lilenbaum mi disse che no, non aveva letto il libro, non lo ricordava, ma si dispose di buon animo ad ascoltarmi.

Noi che andiamo in guerra per raccontarla – dissi al mio amico oncologo – siamo un po' come quel marinaio di Conrad, un ufficiale d'una vecchia nave mercantile che sta portando verso La Mecca un folto gruppo di pellegrini e, di notte, dopo un urto imprevisto durante la navigazione, scopre che una falla si è aperta nella nave.

Nel buio oscuro di una notte senza stelle, in silenzio, clandestinamente perché i pellegrini non si avvedano della fuga, alcuni suoi marinai stanno già calando in mare una scialuppa, e lo esortano ad andar via con loro. Lord Jim è indeciso, da una parte lo chiama il diritto sacrosanto alla vita, la tentazione della salvezza dalla morte, dall'altra lo tratterrebbe la solidarietà umana con quei disgraziati, destinati ad affogare.

Noi – dicevo a Lilenbaum – noi che andiamo in guerra a raccontarla, siamo un po' come Lord Jim: stiamo accanto alla morte, la guardiamo, la sfioriamo, talvolta ne sentiamo perfino il fiato su di noi; ma, alla fine, come Lord Jim, ci ritroviamo nella scialuppa che va via dalla nave. Noi ci salviamo, ce ne andiamo al sicuro nelle retrovie, e poi a casa, mentre lì, sul terreno, restano coloro che invece moriranno: quei poveri cristi di soldati, o – ancor più spesso – la gente senza nome e senza storia, uomini e donne e bambini che la guerra si porta via indifferente, cieca come un uragano che dove passa spazza via anche l'anagrafe delle vite che travolge. E nelle macerie del ricordo non ne resta nemmeno la memoria.

Lord Jim si porterà poi addosso per sempre l'angoscia di quel cedimento, non riuscirà a liberarsene; i reporter di guerra, quel dramma non lo vivono, perché il loro lavoro non gl'impone il dovere della morte, e tuttavia restano segnati nell'animo dalle storie che hanno incrociato sui campi di battaglia, nelle città distrutte, tra le macerie di case e vite smarrite, e sono facce, sguardi, parole, che si imprimono nel corpo con tracce profonde. In un dialogo a due, alla Rai di Milano, Kapuściński un giorno mi disse, convinto, che chi fa questo mestiere deve avere, oltre a una forte resistenza fisica, anche una sincera empatia verso le sofferenze degli uomini: «Non può non restarne coinvolto» diceva.

In Libano, la sera del massacro di Sabra e Shatila, nel buio d'una notte di posti di blocco inferociti e di nervi tesi e fucili puntati sugli occhi, tentai un difficile viaggio sulle alture di Beirut; gli israeliani avevano invaso il Libano, era l'autunno dell'82, e la città era isolata dal mondo, ma si sapeva che lassù il comando militare israeliano aveva un ponte radio con Gerusalemme.

Nonostante fosse indubitabile che i giornalisti avrebbero raccontato le responsabilità di Sharon nella strage, il comando israeliano concesse ugualmente l'uso del ponte radio. Potei raccontare al dimafonista del giornale, che registrava, laggiù in Italia, quello che avevo visto, i corpi dilaniati, le esecuzioni di massa, le mosche inferocite di caldo e di sangue, il puzzo dolciastro della morte sulle viuzze sterrate dei due campi palestinesi.

Mentre dettavo al telefono, non riuscii a trattenere le lacrime; nessuno l'ha mai saputo, soltanto il dimafonista che registrava le mie parole. Ma non me ne vergogno, i reporter hanno anch'essi le fragilità della violenza che i loro occhi hanno dovuto guardare.

Però, non sempre Kapuściński ha ragione, perché talvolta alcuni giornalisti reagiscono con un distacco controllato, che si rifiuta di lasciarsi trascinare nell'inferno della bestialità della guerra, e per loro il cinismo diventa spesso un rifugio nel quale proteggersi dalle scaglie dure dell'orrore e dell'angoscia. Tuttavia, per gli uni e per gli altri, quello che si è vissuto si è vissuto, e diventa un'ombra che mai si staccherà dai passi della nostra vita.

Lilenbaum mi ascoltò senza un commento, ma credo che capì bene perché io gli avessi raccontato di Lord Jim e d'un mestiere che poi ti accompagna per sempre. E da quel giorno, ebbi poi l'impressione – non so nemmeno perché, ma l'impressione era netta – che avesse nei miei confronti una sorta di comprensione e di attenzione, sempre discreta comunque, muta.

Passarono i giorni, e le settimane. Terminai le quarantacinque sessioni di radioterapia e i quattro cicli di chemio. Ed ero impaziente, io volevo sapere: non per l'angoscia d'una incertezza che, chissà, poteva anche deludermi – ma quello, in realtà, sfiorava appena i miei pensieri – piuttosto, perché volevo affrontare subito la parte finale di quella storia, e in qualche misura, e forse anche inconsciamente, trovare la conferma che la mia energia psichica, la mia forza di volontà, sebbene virtuali, tuttavia erano una realtà concreta della mia vita, la mia identità.

E invece mi dissero che dovevo aspettare, che bisognava lasciar passare del tempo, che l'organismo doveva assorbire completamente gli effetti di quegli interventi, di radio e chemio.

Lilenbaum, intanto, mi fece parlare con il chirurgo, il dottor Shor. Era un uomo molto cordiale, con grandi mani, come uno immagina che debba averle un chirurgo. Mi disse che il mio tumore era una brutta bestia, insediatosi in una posizione assai critica, avvinghiato al mio cuore, e che, se alla fine fossimo andati davvero in sala operatoria, era giusto che io sapessi già che avevo almeno quaranta o cinquanta probabilità su cento di morire durante l'intervento. Mi guardava negli occhi, fermo e gentile. Non s'aspettava alcuna risposta subito, e mi salutò con un sorriso e una stretta forte di mano. Sarebbe toccato a me decidere, dopo. Ma, intanto, dovevamo aspettare entrambi, lui e io.

Chi fa il mio mestiere impara presto che saper aspettare è una dote preziosa, e che non sempre la voglia di bruciare il tempo è una buona consigliera; la morte accompagna chi ha troppa fretta. Tuttavia, aspettare non vuol dire consegnare i giorni all'ignavia, ma piuttosto impegnarsi a tentare comunque percorsi e ricerche, attenti a sfruttare le opportunità che possono nascerne. E prendersi i rischi che le accompagnano.

Nel '90, nella Guerra del Golfo di Schwarzkopf, aspettammo per mesi – tutti i giornalisti – che l'armata di Desert Shield lanciasse finalmente l'attacco a Saddam; furono giorni e settimane spossanti nel deserto saudita, con la temperatura che toccava anche i cinquanta gradi e una disidratazione sfiancante, che imponeva un consumo ininterrotto di liquidi (i soldati americani se ne andavano in giro portando appese al cinturone, sui due fianchi, là dove John Wayne teneva le fondine con le pistole, due grandi bottiglie di plastica, quelle da un litro e mezzo d'acqua). Ma fu spossante, quel tempo, soprattutto per questa infinita attesa che mai si realizzava, frustrati com'eravamo da un sofisticato meccanismo di controllo del comando americano, che ci dava la sensazione di lasciarci liberi mentre, in realtà, pilotava rigidamente il flusso delle notizie attraverso la tecnica del *news management*: eravamo tanto sovraccaricati di notizie, informazioni, interviste, incontri, esercitazioni, che alla fine non ci accorgevamo nemmeno che però tutto quel materiale era stato selezionato per riempirci la testa, e che l'immagine della realtà che se ne ricavava era stata disegnata dagli specialisti della comunicazione del Joint Information Bureau, senza che ci restasse granché di spazio d'autonomia per il nostro lavoro d'indagine e di approfondimento. Sperimentato con tanto successo nella guerra, il *news management* è poi diventato il meccanismo con cui le fonti ufficiali d'informazione tentano oggi il controllo globale dei mass media, imponendogli – senza darlo a vedere – i limiti entro i quali il giornalismo può creare le notizie: di fatto, è la "fonte" che seleziona la notizia e poi anche la amministra, e il giornalismo sempre più diventa contenitore di scelte e decisioni che sono di altri.

Passavano le settimane, e i mesi, e la gabbia invisibile ci inchiodava negli uffici che il Joint Information Bureau aveva montato nel salone d'un albergo di Dhahran requisito dal comando americano, tra tappeti orientali grandi quanto un mare e tendoni da film d'epoca, sotto i quali non ti saresti stupito di veder spuntare un eroico Peter O'Toole con mantellone e kefiah.

Un mattino, in quella sorta di campus di sabbia avvampato dal sole che era il nostro circuito di lavoro, girò la notizia che alla frontiera con il Kuwait si stava combattendo, che le truppe di Saddam stavano tentando una penetrazione in Arabia Saudita, probabilmente per saggiare la capacità di risposta degli americani. Se vera, era una storia che imprimeva una dinamica bruciante alla lunga, immobile, attesa, di tutto quel tempo; e il Bureau stampò subito un comunicato: avviavano una verifica immediata, l'indomani ci sarebbe stata una conferenza stampa.

L'indomani.

Come se i giornali fossero bollettini ufficiali disconnessi dal corso del tempo. Mi ribellai. Saper aspettare non è un dovere obbligato, ma è un comportamento riflessivo, che implica una scelta, una selezione; e questa volta la scelta era di non aspettare, di fare il mio lavoro, di andare a vedere.

L'ordine dettato ai giornalisti fin dal primo giorno dell'arrivo in Arabia Saudita vietava di allontanarsi da quell'area senza un permesso ufficiale. Gli americani erano molto disponibili con noi giornalisti, ci portavano in giro nel territorio dove si stava preparando l'attacco, per farci vedere, fotografare, intervistare, fare il nostro lavoro insomma; si formavano piccoli convogli, gruppi più o meno omogenei, spedizioni anche interessanti, per esempio i centri di controllo elettronico che stendevano una rete invisibile di Patriot su ogni possibile incursione missilistica irachena, o l'impressionante costruzione della macchina bellica con gli atterraggi a catena dei giganteschi Galaxy che portavano in pancia diverse centinaia di soldati e decine di carri armati. Però, erano sempre loro, gli americani, a scegliere tempi e luoghi. Violare il loro ordine avrebbe avuto conseguenze pesanti, fino all'espulsione dall'Arabia Saudita.

Ne parlai con due miei colleghi, quel mattino della presunta battaglia, e ci stavano (due colleghi della Sas, naturalmente). Ci stava anche la troupe televisiva australiana, annoiata da una routine d'interesse ormai scadente. Partimmo in silenzio, senza dir nulla in giro, due auto dirette a nord, verso la frontiera con il Kuwait. Dopo una decina di chilometri tranquilli, in un paesaggio vuoto, senza mezzi militari in viaggio né truppe in marcia, vidi laggiù, all'orizzonte, un posto di blocco; forse ci avrebbero rampognato, certamente ci avrebbero rispediti indietro, a Dhahran. Allora feci un segno all'auto degli australiani, che mi seguivano, e abbandonai la strada, entrando nel deserto.

La partenza affrettata non mi aveva fatto portar con me la bussola, e guidai cercando di seguire il corso del sole, tenendo fisso il nord, in un territorio piatto, uniforme, cieco, fatto soltanto di sabbia grigia e di vento, senza piste certe né indicazioni stradali o punti di riferimento. Passammo veloci accanto ad acquartieramenti e postazioni d'artiglieria e di carri armati dove i soldati guardavano straniti quella sconcertante incursione di viaggiatori senza uniformi, senza armi, senza insegne militari; ma nessuno ci fermò, e noi ci guardammo bene dal chiedere spiegazioni o aiuto. Facevamo ciao ciao con la manina, le telecamere australiane ben nascoste tra i sedili, e filavamo via.

Aiutati dalla fortuna, che non sempre è cieca, e stupefatti noi stessi da tanta buona sorte, arrivammo alla fine ad Al Khafji, il piccolo porto alla frontiera tra Arabia Saudita e Kuwait, e raccogliemmo le storie e le immagini della coda della battaglia che s'era combattuta dal mattino: Saddam ci aveva provato, una formazione di carri armati e di uomini aveva superato il confine e si era attestata in linea di combattimento, ma sauditi (e soprattutto) americani avevano risposto a dovere, in poco tempo, e lo scontro aveva misurato le rispettive capacità; poi tutto era tornato lentamente in ordine, con gli iracheni che se n'erano rientrati a casa, in Kuwait, e però c'erano ancora netti i segni delle cannonate, alcuni carri che tuttora bruciavano, qualche casa danneggiata, le macerie, le sforacchiature dei cannoncini sui muri.

Magari non era un reportage che passa alla Storia, però era un reportage in esclusiva e, soprattutto, era una testimonianza diretta, sul campo finalmente, dopo settimane e mesi di mosche masticate nel vuoto; e poi era il primo vero combattimento di quella guerra ch'erano già tre mesi che doveva incominciare e però ancora tutti – da una parte e dall'altra – se ne stavano buoni ad aspettare il giorno che sarebbe stata lanciata la "madre di tutte le battaglie", come sempre l'annunciava Saddam, ed era una madre che pareva aver smarrito il calendario.

Viaggiando ancora nel deserto, angosciati dal timore di smarrirci dopo questo scoop tutto nostro, e attenti però a non perderci davvero in quel mare cieco di sabbia, riuscimmo alla fine a tornare alla nostra base, nella piccola città saudita di Al Khobar, e ancora il sole si stava abbandonando all'ultima luce del tramonto. Facemmo il nostro lavoro, noi inviammo i nostri racconti e loro, gli australiani, il loro filmato. Eravamo felici, gasati, anche se ora si tornava alla pratica spossante del dover aspettare.

Ma il giorno dopo, al Joint Information Bureau tirava una brutta aria, molto tesa, gli ufficiali americani rigidi, i rapporti assai formali. Nelle caselle postali di tutti i giornalisti, c'erano due fogli, due comunicati del Bureau: uno invitava tutti i reporter a un viaggio organizzato ad Al Khafji (il posto dove noi e gli australiani eravamo stati il giorno prima), si partiva alle dieci, e sotto scorta militare; l'altro comunicato, due righe appena, asciutte, brucianti, informava che la troupe australiana era stata espulsa per "aver violato l'ordine del comando". Dei giornali italiani, e dei loro reporter, non una parola.

Ci guardammo, noi tre, con il foglio in mano: e negli occhi ci dicemmo che ora davvero avevamo appreso che il mondo della comunicazione era finito, per come noi ancora lo pensavamo. Sì, i giornali, la loro storia, la loro autorevolezza, ma quello che ormai contava – nel racconto della guerra, e comunque nella costruzione mediale della conoscenza – erano le immagini, la Tv e la sua dannata forza impressiva. I poveri fogli a stampa passavano in retrovia, memoria del passato, ancora utili certamente, ma ormai poco interessanti per il controllo della rappresentazione della realtà.

(E infatti la Guerra del Golfo è stata la prima guerra combattuta, e vinta, nelle immagini.)

Dopo quell'incontro con il dottor Shor, che apriva il percorso finale della mia storia di morto in vita, i giorni erano passati senza alcuna novità. Io ero sereno, Marinella nascondeva a fatica la sua angoscia, che la potevi indovinare ma lei la teneva schiacciata, repressa, per non turbarmi; la vita che facevamo aveva tutte le apparenze della normalità, e però sapevamo bene – io e lei – che un fantasma ci accompagnava sempre, di giorno e di notte, silenzioso ma presente, ossessivo, piantato dentro di noi come un'erba mala che non puoi estirpare.

Tacevamo su questo, per mascherare l'angoscia dell'attesa. E anche se io mantenevo i miei ritmi, le mie abitudini, il nuoto, la lettura, il mare, tuttavia la batosta che radio e chemio avevano dato al mio sistema immunitario mi aveva reso fragile come mai ero stato. E mi ritrovai con una tosse violenta che presto si trasformò in broncopolmonite. Avevo la febbre alta, deliravo, la debolezza mi piegava. E mentre le mie condizioni peggioravano, si avvicinava alla Florida, inquietante, sempre più minaccioso, l'uragano Katrina.

La stagione degli uragani va da maggio a novembre, si formano da qualche parte sull'oceano Atlantico, di fronte all'Africa, per il forte riscaldamento dell'acqua del mare, e poi viaggiano velocemente verso nord, con una coda di lutti e di macerie lungo la catena delle isole del Caribe. Il nome che gli vien dato dai meteorologi segue l'ordine delle lettere dell'alfabeto, e la K di Katrina segnalava che quell'anno c'erano già stati una decina di uragani (o, meglio, di tempeste tropicali che poi, però, non si erano evolute in veri uragani).

L'uragano è davvero una brutta bestia, ha venti violentissimi che travolgono cose e uomini a una velocità che supera anche i duecento chilometri orari, e nel suo corso trascina gigantesche montagne d'acqua. Un centro studi specializzato ne accompagna l'itinerario con un'attenzione e una vigilanza proporzionate ai disastri che gli uragani si portano dietro, con decine o centinaia di morti, allagamenti, case volate via, lunghe interruzioni dell'energia elettrica e dei servizi (e in città dal clima molto caldo, come Miami, con grattacieli che ormai perforano ogni orizzonte, la vita quotidiana si fa subito difficile, i frigoriferi diventano ferrivecchi, gli ascensori non vanno, come anche l'aria condizionata, e si procede con torce, e accumuli di cibo in scatola e di bottiglioni d'acqua, come d'uso nelle guerre).

Katrina era annunciato uragano di grado 3 – il massimo è il 5, ed è davvero l'inferno – ma anche il 3 ha una violenza bestiale, incontrollabile. Radio e televisione accompagnano ogni miglio di percorso dell'uragano, passo dopo passo, con cartine, mappe, proiezioni nel tempo, e quando ormai si conosce esattamente il punto d'impatto la polizia ordina l'evacuazione delle case della zona: chi ci resta, lo fa a proprio rischio; nessuno verrà ad aiutarlo.

L'uragano è anche un affascinante spettacolo della natura, ti divora gli occhi e il cuore. Mentre s'avvicina, il tempo pare fermarsi, immobile, stupefatto; tace ogni suono, gli uccelli e gli altri animali spariscono, le strade si svuotano, il cielo si spalanca sotto l'impatto del vento. E i grattacieli dondolano nel vento che sembrano un'altalena (al quattordicesimo piano, dove abitavo, dal letto vedevo il panorama del balcone che si piegava da una parte e dall'altra, lento, angoscioso).

A sera, dall'interfono che collega gli appartamenti del palazzo fu ordinato l'abbandono dell'edificio. Lampi e tuoni squarciavano il cielo, cominciava a piovere come nel diluvio della Bibbia, e la caduta di qualche albero strappato via dal vento tagliò l'erogazione della corrente elettrica. Con una coperta sulle spalle e una torcia in mano, Marinella e io ci rifugiammo nelle scale esterne dell'edificio; vi ritrovammo tutti coloro che non erano scappati via, un piccolo popolo di gente impaurita, che cercava solidarietà tra brevi scambi d'inglese e di spagnolo. Fu una notte lunga, perduta dentro il buio, qualche rara parola, uno o due bimbi che di tanto in tanto frignavano irrequieti; il grattacielo oscillava, lento, tranquillo, indifferente, sentiva l'onda d'urto del vento e della pioggia. Noi sentivamo l'urlo dell'uragano.

Non erano poi condizioni più drammatiche di tante, simili, che avevo vissuto in qualche guerra. Ma questa volta non ero solo con me stesso, ora c'era Marinella, e soprattutto era sconcertante la contraddizione tra queste forme di sopravvivenza obbligate da un tempo distruttivo (anche se breve, destinato a finire) e il contesto invece sicuro, solido, anche rassicurante, d'un ambiente che al di là della nottata in una scala d'emergenza mostrava comodità, comfort, ogni possibile benessere della modernità. Intorno a me non c'erano macerie, cannonate, piogge di missili, né morti o moribondi senza speranza; e non riuscivo a farmi travolgere dalle onde di paura e di panico che sentivo venire, quasi materialmente, sulla pelle, da chi ora sonnecchiava e piangeva su una scala di fortuna, in una notte di incubi. Davvero, quello che hai vissuto lo hai vissuto; e non si cancella.

Katrina finì di passare che ormai era giorno (si allontanò verso New Orleans, dove portò morte e distruzioni che hanno cambiato a fondo la vita della città della Louisiana, e la sua storia). Tornammo in casa. L'uragano aveva sfondato una vetrata, e l'appartamento era uno sfascio di libri, oggetti, abiti, fogli, annegati in un mare d'acqua e di vetri frantumati. Andò peggio al mio vicino, un giovane francese che studiava all'Università di Miami; sfondando anche a lui una vetrata, Katrina gli aveva buttato giù pure la parete dell'appartamento che lo separava dal corridoio comune (in America, le pareti sono quasi sempre di cartongesso). E quando passavamo dal corridoio del quattordicesimo piano, lo vedevamo dentro casa sua, seduto al computer, tranquillo, che ci salutavamo come si fa tra gente civile, fingendo di non vedere che però i nostri sguardi stavano frugando tra cose che per noi sarebbero dovute restare invisibili, coperte da una parete divisoria.

A mezzogiorno, dopo aver parlato al telefono con Francesca, Marinella mi accompagnò in ospedale, al Mount Sinai. Scendemmo lentamente per i quattordici piani di scale, al buio, con la torcia che ci guidava, gradino per gradino, lenti, incerti, anche incontrando qualcuno che saliva o scendeva, come noi, e lo scambio breve di parole diceva l'affanno, l'irritazione, la rabbia di dover rinunciare a quello che la vita d'ogni giorno negli Usa offre al nostro immaginario, comfort, comodità, servizi.

Fui ricoverato in ospedale per una decina di giorni. L'amministratore del nostro edificio aveva fatto sostituire le vetrate frantumate con grandi pannelli di compensato; si viveva come al buio, ma l'energia elettrica era tornata dopo qualche giorno, e il frigo poteva lavorare, e pure l'aria condizionata.

Prima che Lilenbaum mi chiamasse per l'ultima scena di quella storia («Ce l'abbiamo fatta, ora il tumore può essere asportato. Auguri!»), Marinella e io dovemmo affrontare altri due uragani, Rita e Wilma. Ma rispetto a Katrina, furono poco più d'una tempesta che viene e se ne va: tanta acqua, tanto vento, ma non molto d'altro, se non il ricordo affascinante di quelle ore di silenzio totale, di assenza d'ogni suono, di vita immobile, sospesa, in attesa dell'arrivo irruente dell'uragano.

Nelle notti d'ospedale, poi, dopo l'intervento al polmone, in una cameretta muta e immobile, me ne sarei ricordato con qualche malinconica nostalgia.

9

Senza morfina

«Non aver paura» disse Marinella, abbracciandomi. «Vedrai che ce la faremo.»

In realtà, la paura l'aveva lei. E si faceva forza incoraggiando me.

Lilenbaum ci aveva appena detto che il *trial* si era concluso, e positivamente. Il tumore "inasportabile" ora poteva essere asportato, radio e chemio ne avevano prosciugato le dimensioni e un intervento chirurgico poteva essere tentato. Ma anche se la notizia era buona, Lilenbaum ne aveva parlato con un tono grave, che evidentemente doveva poter moderare da subito la felicità del risultato, perché ora che il suo lavoro era terminato si apriva un percorso che aveva comunque un alto indice di pericolosità.

«Però con il dottor Shor lavoriamo da tempo, ha la mia piena fiducia» aveva aggiunto per rassicurarci.

Non seppi trattenere un leggero sorriso. Ma non sorridevo per la notizia che finalmente stavamo per entrare nell'ultima fase di quella mia storia, che comunque era un risultato felice; piuttosto, perché sentivo dentro di me che le parole di Lilenbaum mi confermavano quanto io avevo pensato sempre, o comunque fin dal giorno in cui l'oncologo mi aveva detto che ci provava, che era zero virgola zero, «e però noi tentiamo ugualmente». Quel giorno, di fronte alla prospettiva d'una imprevista apertura di possibilità, la mia testa mi aveva scatenato, dentro, una carica di energia vitale che nessuno, da fuori, poteva vedere o immaginare ma che io sentivo con tutta la sua potenza trascinante: voglio farcela, ce la farò – mi ero detto – e ora ecco che ne avevo nelle mie mani la concretezza certa.

È difficile spiegare questa sorta di felice presunzione che accompagna la mia vita, che certamente non è orgoglio né arroganza e tanto meno un fatalismo positivo, magari autorigenerante. No, no, piuttosto, è che la forza che si ricava da certe esperienze ("ciò che si è visto si è visto") costituisce una risorsa esclusiva – questa sì, orgogliosamente esclusiva – che la mente e la volontà poi utilizzano come una qualità naturale che segna e innerva ogni atto della vita.

Il rischio, ovviamente, è che si smarrisca la misura del reale, e che, spinti, o comunque trascinati, da questo forte convincimento interiore, la distinzione tra ciò che è soltanto possibile e ciò che invece è certo, sicuro, perda la sua funzione lineare nella scelta delle decisioni da prendere e dei comportamenti da tenere; le 55 vasche in una mattinata difficile sono l'atto imperioso della volontà contro lo spessore cieco della realtà, ma poi l'illusione d'una qualche onnipotenza si acquatta mal nascosta nel fondo dell'animo. E comunque, prima o poi la realtà devi affrontarla.

Quel pomeriggio del novembre 2001 che, una carovana felicemente variopinta di giornalisti d'ogni parte del mondo, arrivammo a Jalalabad appena liberata dalla presa dei talebani, ciascuno di noi fece il proprio lavoro: la ricognizione della battaglia, l'intervista al comandante vittorioso, la città, la gente qualunque, le armi, le tattiche sul terreno. In molti, ci eravamo sistemati alla meglio nelle stanze polverose e maleodoranti d'un vecchio albergo, che aveva anche un nome, Spingar; in una stanza al primo piano, noi italiani eravamo in sei, cinque di noi più la Maria Laura, italo-argentina del «Clarín», ammassati con i nostri sacchi a pelo tutt'attorno alle pareti, e con il computer sulle ginocchia.

Mentre scrivevamo, arrivò da qualcuno la notizia che i talebani erano scappati via anche da Kabul, e che un gruppo di reporter che in tutte quelle settimane erano rimasti bloccati sulle montagne a nord si erano ora trovati spalancata la strada verso la capitale, ed erano arrivati tranquilli e sicuri a Kabul.

La nostra impresa a Jalalabad perdeva rilievo, la fuga dei "seminaristi di Allah" diceva che la guerra afghana era ormai alla fine e che, comunque, nella gerarchia delle scelte dei media il valore simbolico di Kabul libera prevaleva sulla dura battaglia di Jalalabad che noi volevamo raccontare. Era ormai notte piena, dovevamo finire di scrivere il nostro reportage ma anche preparare la partenza per Kabul già l'indomani, al più presto. Andai in giro nei corridoi, stanza per stanza, e raccolsi una ventina di adesioni: avremmo fatto tutt'insieme una carovana, partenza all'alba.

Mentre ancora scrivevamo (per fortuna l'albergo aveva l'elettricità con un generatore, e i pc si ricaricavano), ci fu un tocco alla porta ed entrò nella stanza il nostro Rahim con suo zio, Haji Khadir, il comandante della piazza.

Rahim si rivolse a me con un tono gentile: «Ho sentito in giro che vuoi partire per Jalalabad. No, guarda che non si può», ma non aveva nemmeno finito di parlare che, con un tono molto duro, secco, aspro intervenne Haji Khadir, puntando il dito: «Io te lo proibisco. Sulla strada da qui a Kabul si combatte ancora, anche aspramente; ci sono molti morti, i talebani resistono. Tentare di passare è un autentico suicidio, e tu non puoi partire, ti ammazzeranno».

Cercai di spiegargli che il mio lavoro non mi dava alternative, che dovevo proprio partire (nel gruppo di reporter arrivati in carrozza a Kabul, avevo saputo che c'era anche un giornalista del «Corriere della Sera», e mi sentivo in obbligo di arrivarci anch'io: a qualsiasi costo, «La Stampa» non poteva mancare); Haji Khadir, un uomo rigido, severo, che aveva fama di gran combattente, fu molto fermo, mi ascoltava con un fastidio appena celato, e aveva gesti della mano anche decisi: no, non puoi andare, e io non posso darti una scorta perché i miei uomini stanno combattendo.

«Devi aspettare qualche giorno, due o forse tre, poi si vedrà. Se parti, ti ammazzano. È un puro suicidio.»

Uscì con passo deciso, scuro in volto, le spalle incassate, con Rahim che mi diede uno sguardo abbassando leggermente il capo, come a convincermi che ascoltassi quell'ordine. Nella piccola folla di quella nostra stanza, il silenzio era drammatico: l'angoscia ci prendeva tutti allo stomaco, nessuno voleva andare a suicidarsi.

«Sentite, io non voglio morire, ma a Kabul ci devo andare perché là c'è il "Corriere". La decisione che dobbiamo prendere è troppo grave, e io da solo non me la sento di fare una scelta. Mettiamo ai voti la partenza, la maggioranza decide: io, intanto, voto per partire.»

Ci fu qualche attimo di sospensione; nella facce si vedeva l'angoscia, l'incertezza d'una scelta che metteva a confronto il dovere del nostro lavoro, anche spinto all'estremo, con la minaccia concreta d'una morte probabile, quasi certa. Finì con cinque "no" e il mio "sì". Nessuno guardava l'altro, eravamo imbarazzati, forse anche un po' umiliati.

«Ok, restiamo a Jalalabad, vado ad avvisare gli altri che il convoglio è sospeso.»

Non parlammo molto tra di noi, prima di infilarci nei sacchi a pelo; l'imbarazzo ancora dominava i nostri pensieri, e bloccava le parole.

Mi svegliai presto, prima delle sei del mattino; i miei compagni dormivano, qualcuno russava. Mi sfilai con cautela dal sacco a pelo, per non svegliarli, e uscii in punta di piedi. Era l'alba della prima luce, in giro per il corridoio non c'era nessuno. Però, avvicinandomi alla porta d'ingresso di quella topaia vidi un pulmino affastellato di bagagli, e il reporter della Bbc che dava gli ultimi aggiustamenti con gli uomini della sua troupe.

«Sì, parto. Ho saputo che nel gruppo che ha avuto la fortuna di trovarsi la strada libera per Kabul c'è anche una troupe della Cnn; e allora devo esserci anche io. Io sono la Bbc.»

«Ma il comandante Haji Khadir ha detto che da qui non si può, che ci ammazzano tutti. Che è un suicidio.»

«Sì, ma un nostro informatore di Kabul dice che la periferia a sud è tranquilla. Speriamo.»

«La periferia... sono 5 chilometri, se vuoi, o anche 10. Però da qui a Kabul i chilometri sono 169.»

«Lo so, hai ragione. Ma ho deciso di partire. Mi tocca.»

Lo bloccai: «Senti, io da solo non parto, ma se andate con tutta la troupe vengo anch'io. Aspettami un minuto, prendo la sacca e arrivo».

Corsi in camera, e svegliai tutti: «In piedi, di corsa. Si parte, facciamo un piccolo convoglio con la Bbc».

Ci fu una breve discussione, mentre arrotolavo il mio sacco a pelo. Vittorio disse: «Dove vai tu vengo anch'io», e spingeva gli altri.

In due, più la Maria Laura, decisero però di restare a lavorare a Jalalabad: «No, è troppo rischioso. Non me la sento, io resto» dissero i tre, uno dopo l'altro.

Partimmo con la mia auto, un'altra auto che ci si accodò, e il pulmino della Bbc ad aprire la strada. Faceva molto freddo, l'aria del primo mattino era gelata, e noi ci stringevamo nei nostri giacconi, presi tra l'angoscia e il freddo. La Maria Laura, e anche Maria Grazia Cutuli, che nel trambusto s'era svegliata anche lei, ci accompagnarono sul piazzale fino alle auto; avevano lacrime di tristezza, cercavano di frenare il pianto, non volevano lasciarsi andare; era un addio da film, ma era un addio vero.

Ci abbracciammo, andavamo a morire, forse. Ma sentivamo di non avere alternative, era il nostro lavoro. (Nella mia testa, però, coprivo la tensione di quella scelta con il convincimento che ce l'avremmo fatta. Me ne sentivo sicuro: avevo una stretta al cuore per l'angoscia di sbagliare ma, anche, ero esaltato dalla certezza di riuscirci.)

Fu un viaggio d'inferno, e non perché venissimo travolti dai combattimenti con i talebani – ci spararono raffiche e sventagliate di kalashnikov, tre volte, da qualche parte lungo il percorso, e però non ci colpirono e noi non ci fermammo mai – ma piuttosto per le condizioni impossibili della piccola strada, che si inerpicava tra vallate e burroni, addentata e divorata dai cingoli dei carri armati, e sfondata dalle cannonate.

Eravamo partiti poco dopo le sei del mattino, arrivammo a Kabul che già le ombre del tramonto si allungavano davanti a noi: ma eravamo vivi, e felici di esserlo, anche se l'inferno patito – dodici ore per fare 169 chilometri – era ben diverso da quello che Haji Khadir ci aveva raccontato.

Fu comunque una brutta storia. Due giorni dopo, quando la strada venne giudicata "più sicura", a Jalalabad formarono un convoglio d'una trentina d'auto; in una c'era anche Maria Grazia, del «Corriere della Sera», che nel mattino della mia partenza non era voluta venir via con me («No, no, è troppo pericoloso»). Ma lungo il percorso il convoglio si spezzettò, e l'auto di Maria Grazia, e quella di due giornalisti della Reuters che la seguivano a ruota, furono intercettate dai talebani. Non arrivarono mai a Kabul.

Questa brutta storia non l'avevo raccontata a Marinella. Nelle missioni che mi portavano ad avventurarmi lungo le strade più disgraziate del mondo, ci son sempre stati episodi e fatti che restavano chiusi dentro di me, abbandonati in un angolo riservato della mia memoria: Marinella doveva già sopportare l'angoscia di sapermi travolto da giornate di vita molto difficile, spesso pericolosa, e io ho sempre tentato di risparmiarle quanto più potevo, di certe mie avventure a rotta di collo.

E se le sue domande erano insistenti, allora, invece dei pericoli, le raccontavo poi di quanto aspre fossero certe giornate, di come, per esempio, ero riuscito ad arrangiarmi a Kabul, dove mancava tutto, luce e acqua oltre al cibo, che poi era – quando c'era – un pasticcio sempre uguale di riso scotto e pezzi di pollo invecchiato male; l'autista che avevo ingaggiato a Jalalabad, un giovane avvocato senza lavoro che parlava un po' d'inglese e si era offerto con la sua auto, per mia e sua fortuna aveva nella capitale un largo stuolo di parenti, e grazie a loro eravamo riusciti ad arraffare al mercato nero alcune taniche di benzina e un generatore.

Il generatore lo tenevamo sotto il tavolone della mia

stanza collegandogli i nostri computer, e lavoravamo tutti assieme, in quattro, come fosse una redazione (ma era una stanza lurida, con un vecchio giaciglio senza materasso, e le pareti macchiate da larghe chiazze di sangue, retaggio di chissà quale sessione di torture); e la benzina ci serviva per tenere il motore dell'auto sempre acceso, collegando un pc di riserva alla presa dell'accendino nel cruscotto.

Dopo tredici giorni di questa vita disperata, finalmente avevo potuto anche lavarmi, con una doccia improvvisata di acqua gelata che facevo scendere da un cassone sospeso in aria. Era dicembre e fuori c'erano quattro gradi; urlavo, ma fu una delizia.

Mai (o quasi mai) ho raccontato menzogne, a Marinella, anche se tacevo i pericoli e i rischi; ma a mezze parole e a mezzi silenzi si può dire molto senza dir tutto. Questo non vuol dire che lei non immaginasse più di quanto le raccontavo, però ci riservavamo la complicità di questa piccola ipocrisia perché io potessi continuare senza un insopportabile senso di colpa il mio lavoro, al quale ero molto legato e lei lo sapeva bene. E di questo, io sempre gliene sono stato grato.

Era accaduto, ora, anche con la scoperta del tumore. Nel momento in cui, nella stanzetta del Mount Sinai, Lilenbaum era venuto a dirmi che ero condannato a morte, la mia prima reazione era stata: e adesso, come faccio a dirlo a Marinella?

Non potevo tacere su tutto, ma nel colpo duro che ricevevo da quelle parole dovevo tentare di mascherare in qualche modo la realtà, per disvelarla poi poco alla volta. Lo avevo fatto anche per il viaggio suicida a Jalalabad: appena arrivato a Kabul, le avevo raccontato al telefono satellitare di quella nostra piccola carovana avventurosa, ma senza nessun accenno di rischio o di pericolo, con soltanto qualche riferimento generico alle difficoltà sul terreno, come se fosse stata una storia delle tante del mio lavoro e non, com'era invece stata, una storia nella quale avevo messo a rischio, il rischio forse più alto, la mia pelle, per privilegiare l'appartenenza di testata (se c'era il «Corriere» doveva esserci anche «La Stampa»). Soltanto più tardi, quando poi la morte di Maria Grazia aveva riempito le pagine dei giornali, il racconto si era dovuto fare più preciso, svelare drammaticità e orrore.

Ma la differenza di fondo è che, se pure a Marinella qualcosa lo dicevo e qualcosa lo tacevo, al giornale queste mie storie non le raccontavo proprio, né a mezze parole né nella loro dimensione cruda: i giornali, tutti i giornali, e i loro staff, e i redattori, non sempre hanno la piena conoscenza di che cosa sia il lavoro sul campo, quando vai in guerra, e neanche gli interessa; quello è il tuo lavoro – si pensa in redazione – sbrigatela tu, e senza tante storie, perché il giornale ha anche da badare alle molte altre pagine da riempire. C'è una sola occasione, in cui questa indifferenza diventa invece comprensione piena, appoggio, sostegno: quando in guerra ti ammazzano, o qualche banda di miliziani ti sequestra e ti prende in ostaggio.

Allora la tua sorte diventa storia pubblica, esce

fuori dai muri della redazione, assume un profilo che coinvolge il giornale, i suoi lettori, la macchina amplificatrice della televisione, e in ultimo l'attenzione morbosa della opinione pubblica: si fa spettacolo, show improvvisato, un reality senza sceneggiatura, un grumo di emozioni con cui coltivare la tentazione irresistibile d'una partecipazione in cui tutti, in qualche modo, sono protagonisti, il giornalista ammazzato (o sequestrato) ma anche coloro che ne seguono il racconto sul giornale.

È un meccanismo infernale, e però del tutto legittimo: il giornale è una impresa industriale, ha (anche?) obiettivi economici, e la pubblicità che ricava dalle disgrazie di quel suo redattore ammazzato/sequestrato è una preziosa risorsa commerciale da valorizzare in tutta la sua potenzialità di mercato. Se invece non ti ammazzano, o non ti sequestrano, allora fai il tuo lavoro e taci (certo, ci sono stati e ci sono personaggi che sanno vendere una felice propaganda del proprio ruolo, che è spesso marginale, e ancor più spesso millantato: sono i reporter da albergo, eroi di parole assai più che di fatti, ma accompagnati spesso da una fama che sa di truffa; però, perché stupirsi? I giornali sono un riflesso della società, vi si trova di tutto).

Marinella, comunque, qualche sospetto dovette averlo, quando la morte di Maria Grazia aprì le pagine dei giornali alla scoperta, concreta, agghiacciante, d'una inattesa dimensione tragica del lavoro in quella guerra. Ma riuscii a tranquillizzarla, come in quel primo giorno al Mount Sinai avevo tentato di fare con la notizia del tumore, che nelle mie parole era diventato una «brutta infezione polmonare» da curare con interventi immediati e di forte impatto terapeutico.

Poi le settimane e i mesi erano passati, e anche per Marinella da tempo quella «brutta infezione polmonare» era diventata un tumore. Però, progressivamente, io avevo saputo impormi che il tumore è "soltanto" una malattia, e la capacità di tenerlo dentro questa sua più banale identificazione nominalistica riduceva – per me e per chiunque – la violenza distruttiva che se ne subisce quando lo si scopre: lo costringeva in una dimensione riduttiva dove la volontà che spinge a nuotare 55 vasche, e ne ricava poi l'energia vitale di un'autostima esaltante, poteva avere legittimamente l'ambizione d'imporgli limiti che mai avrebbe subito se fosse stato, non "una malattia", ma "il tumore".

Dopo quei tre mesi di radio e di chemio, arrivò finalmente il giorno dell'intervento in sala operatoria. Per uscirne vivi, e magari guariti, o invece morirci dentro. Io, quel mattino che erano appena passate le sei e il sole era già sole, e avevo guardato il mare dalla vetrata che quasi mi sembrava di toccarlo, entrai in sala sulla barella sorridendo ai medici, incuriosito, piuttosto, dalle tante procedure per la preparazione dell'anestesia, ma senza nemmeno l'ombra d'un dubbio, assolutamente tranquillo di uscirne vivo.

Marinella aveva invece un viso molto teso, e le lacrime le navigavano incerte dentro gli occhi: non voleva farmi vedere che piangeva, e mi strinse forte la mano, piegandosi sulla barella che mi portava via.

Prima, naturalmente, ed era davvero la luce bianca dell'alba che nasceva di là dall'oceano, ero dovuto passare nell'ufficio dell'amministrazione del Cancer Center, con la carta di credito tra i denti e tanta gentilezza dalle impiegate. Ma *business means business*, quando si arriva a chiudere i conti.

Fu un intervento molto lungo, anche al di là delle previsioni. Furono più di sette ore, soprattutto per la delicatezza della collocazione del tumore, avvinghiato all'aorta e con una stretta contiguità con il cuore, che poi erano le ragioni per le quali il dottor Shor mi aveva anticipato la forte probabilità di un esito letale dell'intervento; ma fu lungo e difficile anche per una serie imprevista di incidenti che avevano reso molto problematico "appendere" su in alto quel brandello di polmone residuo, dopo la lobectomia. I chirurghi tentavano di farlo star su, ma lui, il polmone, non voleva saperne, né di collanti specifici né di altre forme di aggancio.

In quelle sette ore che comunque io passai serenamente assopito dall'anestesia, a pancia in giù, mentre mi aprivano il torace dalla schiena fino al fianco, recidendo nervi e muscoli per poter passare a operare sul tumore, in quelle sette ore la sala d'attesa di fronte alla camera operatoria fu un crocicchio di amiche di Marinella, che la sostennero molto affettuosamente a mano a mano che il tempo passava e l'angoscia sulla incertezza dell'intervento si faceva più stringente. C'era la Diana, naturalmente, che per noi era una sorella, e la Isa, che aveva messo da parte il suo lavoro di caposcalo dell'Alitalia e si abbracciava la Marinella, e la dolce Alessia, e la Bruna, e anche la Francesca, che aveva abbandonato il suo studio cardiologico, e rassicurava tutti, lei che è medico, e faceva un po' la spola tra lo stanzone del crocicchio e la sala operatoria.

Finalmente, ma era già pomeriggio, Shor venne fuori a dire che l'intervento, "difficile e molto complesso", era comunque riuscito, e che il tumore non c'era più.

Marinella pianse lacrime di sollievo, mi raccontò dopo, e le sue amiche si abbracciarono felici. Mi portarono via ancora assopito, naturalmente, e per tre giorni fui ospitato in rianimazione. Ero piuttosto malconcio, avevo qualche forte difficoltà respiratoria e spasmi intensi di sofferenza.

Per aiutarmi, mi inserirono nel torace una sorta di pompetta attraverso la quale potevo iniettare nel corpo dosi di morfina, per alleviare il dolore. Fui tentato molte volte di farlo, e Francesca e i medici mi suggerivano di ricorrere sempre a quella pompetta, quando gli spasmi erano più intensi.

Non l'ho mai fatto; ma non per un qualche timore d'una assuefazione – che era davvero l'idea più lontana da me in quei momenti – piuttosto per tentare un controllo del dolore, cercare cioè di misurare la capacità di gestione della sofferenza imponendomi di volontà di superare quello che, di volta in volta, mi sembrava un limite oltre il quale non pareva possibile spingersi. Fu dura, lo ammetto, molto dura; ma la volontà, la tensione di energie che il cervello produce sulle sollecitazioni che l'investono, si rivelò ancora una volta una straordinaria risorsa da imparare a valorizzare.

Dormivo poco. Il busto tenuto su da due grandi cuscini, seguivo il lento scorrere della notte attraverso la larga vetrata aperta verso la baia, a fianco del lettino. Il mare era blu intenso, una sorta di specchio nero su cui si riflettevano le luci delle auto che passavano sul ponte Julia Tuttle e poi si perdevano verso Biscayne Boulevard. Seguivo pensieri liberi, memorie e sogni che accompagnavano la veglia insonne, e pensavo a certe notti vissute a occhi aperti, nei tempi del mio lavoro sul campo.

Come quella notte che passai nella stazioncina di Puno, sulle Ande peruviane, accosciato contro il vecchio muro e chiuso dentro un poncho che mi teneva a bada il vento gelido delle montagne sacre: erano gli anni Settanta, giravo l'America Latina in lungo e in largo, per raccontarla, e a Puno c'ero arrivato con un trenino affollato di indios. Era notte fonda e nella piccola stazione, una stanza vuota e null'altro, ad aspettarci c'erano cinque taxi enormi e scassati, vecchi come la montagna, che dovevano portarci poi alla piccola città, laggiù in fondo, dentro la valle, dove si scorgevano, fioche, fragili, alcune piccole luci baluginanti.

I taxi si riempirono che sembrava impossibile, restammo indietro in due, io e – alle mie spalle – un'india piccola e grassa, senz'altra età che il suo viso fatto di rughe; e io stavo per occupare l'ultimo posto possibile dell'ultimo taxi, dove si stava stretti e schiacciati da non respirare. Spingendo e stringendo, mi sedetti, tirando lo zaino sulle gambe; mentre chiudevo lo sportello, la vidi ferma come una statua antica, rassegnata da un destino che simbolicamente aveva scelto lei per tutta la sua gente.

Allora mi srotolai, scivolando giù dal sedile, e le feci segno. Non disse nulla, e si sedette, la faccia a guardare il vuoto; il vecchio scassatissimo taxi partì in una nuvola grigia che puzzava di olio malbruciato.

La notte la passai in compagnia dei fantasmi degli inca, cantando a mugolii rauchi certe rime che non conoscevo, e aspettando l'alba con i fantasmi che mi raccontavano storie antiche di dei e di mondi ormai morti, storie lette in treno sui piccoli libri che avevo comprato a Lima e che tenevano caldo il mio zaino di tela militare.

Sorridevo a me stesso, quando queste notti le recuperavo dalla memoria nelle lunghe ore insonni al Mount Sinai.

Quell'altra notte, ancora, passata in una casa di fango, nel deserto tra Algeria e Marocco, a inseguire la guerriglia del Polisario, e i piccoli scarafaggi rossi che mi tormentavano perché avevo disturbato le loro abitudini, e non potevo nemmeno protestare, e m'ero tirato le calze sul bordo inferiore dei jeans a chiudere, almeno, a quelle bestioline le passeggiate dentro i miei panni.

O le cento, o duecento, o forse mille, notti, assopito per terra, sotto un ponte distrutto, o dietro le macerie d'una qualche casa che la guerra aveva cancellato, ad aspettare l'alba per non muovermi cieco, mentre i cannoni continuavano la loro litania nel buio fondo dove cielo e terra erano un orizzonte solo.

E quelle sette notti a Misurata assediata, che i missili e le cannonate piovevano giù al ritmo di una al minuto, ma alla cieca, e i muri tremavano nello schianto del colpo e il prossimo forse toccava a te; e anche ti addormentavi, che sembrava impossibile ma la stanchezza era poi più forte della morte.

Quelle notti, e le tante altre, alla fine erano tutte uguali, come queste ora nel mio lettino del Mount Sinai, e le richiamavo una dopo l'altra in una catena di ricordi che mi dava conferma di vita, la certezza solida di un vissuto che si è vissuto, capace di vincere quella mia lenta convalescenza che sembrava trascinarsi verso una morte possibile.

Andava male, infatti.

In sala operatoria, mi avevano infilato dalla schiena, e giù fino al polmone, un lungo tubo di gomma del diametro di quasi due centimetri, che poi veniva fuori, all'esterno del mio corpo, come un'orrenda appendice che terminava in una sorta di valigetta portatile: il meccanismo di quest'apparecchio doveva servire ad assorbire la sacca d'aria che si formava nei resti del polmone e non lo faceva restar appeso su, dove sarebbe dovuto stare, nella parte alta del mio povero torace. Era una di quelle cose orrende di certi film di fantascienza, dove si vedono pseudoumani addobbati di lunghi tentacoli che gli spuntano dal corpo; e io ero diventato come uno di loro, sempre più smagrito, evanescente, attaccato a quel mio tentacolo che mi faceva compagnia anche nei pochi passi stentati dal letto alla poltrona.

I giorni passavano, e le notti, e andava proprio male; perdevo ancora altro peso, il dolore mi tormentava, e quell'ammasso flaccido di tessuti necrotizzati che un tempo era stato il mio polmone scivolava giù, seguendo le intuizioni di Newton. Alla fine, decisero che dovevo subire un secondo intervento chirurgico.

Non mi opposi. La mia certezza di farcela non vacillava, ma l'energia psichica che sempre mi ha retto la sentivo indebolita, un po' fiaccata da questo lungo percorso dentro una malattia dannata, un percorso al quale non ero preparato psicologicamente. Marinella mi confessò poi che andava spesso a pregare nella chiesa cattolica di Saint Patrick vicina alla Quarantunesima Strada, sconfortata e impaurita da una fine non preventivata dopo che il tumore era stato "asportato" e il dottor Shor aveva detto: «Ce l'abbiamo fatta».

La seconda operazione durò altre sei ore, ma andò bene. Mi ricucirono, e mi liberarono dal mio lungo tentacolo di gomma; il polmone (chiamiamolo così) teneva, restava appeso al posto dove l'anatomia lo aveva sempre collocato. Ora potevo guarire. Avevo perso dodici chili, ma potevo guarire.

10

I fantasmi del Mount Sinai

Fu una convalescenza molto lunga, e difficile. Le due operazioni al polmone in tempi così ravvicinati, e le complicazioni nate dopo la lobectomia, per il tenace rifiuto del brandello di polmone rimastomi di starsene al suo posto, appeso in alto, dentro il torace, mi avevano ridotto in uno stato di debilitazione fisica estrema; perfino le mie energie psichiche si mostravano infiacchite, scariche come lo sono certe batterie in via di esaurimento, che rallentano il funzionamento dei nostri aggeggi elettronici fino a ridurli a un bla-bla privo di senso.

Una debolezza distruttiva mi consentiva appena pochi passi nel corridoio, dove vagavo sostenuto da Marinella come una sorta di Misha Auer, allampanato, pallidissimo, anche costretto per qualche tempo a reggere in mano la valigetta in cui s'infilava l'orrendo tentacolo che mi fuoriusciva dalla spalla, lungo un paio di metri, e che doveva consentire l'espulsione dell'aria rimasta bloccata pericolosamente nell'alveo polmonare. Ero subito stanco, non riuscivo nemmeno a leggere, e vagavo tra il letto e la poltrona.

Il giorno se ne andava lento, amaro. Non ero preparato a essere una sorta di rudere, privato della mia autonomia, relegato a comportamenti e a scelte su cui avevo un controllo molto labile; il tormento, poi, di quel "tentacolo" mostruoso, e la difficoltà a respirare, piegavano il mio spirito di ribellione, e, nonostante la sollecitudine di Marinella, mi faceva rabbia – un furore che soltanto la debolezza estrema riusciva a controllare – vedermi inutile a me stesso, in quel camicione bianco che mi cancellava ogni identità.

Ma la notte ritrovavo subito me, e il mio tempo. Quando le luci della camera e del corridoio si spengevano, e ogni contorno si perdeva nella penombra tenue di un buio mal definito, allora con il telecomando tiravo su il busto e la parte superiore del lettino, e mi perdevo nella grande vetrata che avevo accanto, seguendo le luci lontane delle auto sul lungo ponte che unisce la terra felice del Beach alla città, laggiù, di Miami.

Avevo rari momenti di abbandono a un dormiveglia assonnato; passavo la notte a occhi aperti, incantato da quei fari che tagliavano il buio nero del mare seguendo il corso delle ore, fitti alla sera ma poi, progressivamente, sempre più radi, fin quasi a sparire nel fondo della notte, e però subito, alla prima, fioca, luce dell'alba, di nuovo lì a propormi i loro percorsi incrociati, ed era un'altra pagina che mi si chiudeva dentro. Talvolta, l'acutezza feroce del dolore mi distraeva da quelle suggestioni, e mi tentava all'uso della morfina; guardavo sotto il risvolto del lenzuolo la pompetta infissa nel torace, la sfioravo come a testimoniarle che, sì, lo sapevo, ero perfettamente consapevole che lei c'era, ma mi dicevo che, in realtà, potevo anche farne a meno. E tornavo al mio mare nero, di là dalla vetrata.

Allora il buio cieco della notte si faceva uno schermo dentro il quale si stagliavano storie, figure, episodi, d'un passato che subito ridiventava vivo, lì, accanto al mio lettino, e mi restituiva la felicità d'una identità perduta. Era come riacchiappare brandelli della mia vita, ma vita vera, concreta, che talvolta mi sembrava d'avere perfino in mano e io sfioravo uomini e cose che, eppure, erano soltanto proiezioni virtuali del mio desiderio di vita e di identità.

In quel lungo tempo di sofferenze al Cancer Center, per un paio di giorni ebbi come vicino di camera un giovane uomo, un *latino*, che aveva un tumore alla gola ed era stato operato. Non parlava, faceva soltanto gesti e segni con la mano, anche quando venivano a trovarlo i suoi bambini. Loro gli parlavano in spagnolo, erano due frugoletti molto vivaci, e lui gli faceva di sì con la testa, che li capiva e gli davano gioia. Poi, un mattino, andò via com'era venuto, senza nemmeno dirci ciao, e il lettino accanto al mio restò vuoto.

Per la suggestione di quei due bimbi, e il loro spagnolo morbido, e i trilli felici dei loro giochi, la notte che tornai a esser solo nella cameretta la passai con Parodi.

Parodi era il mio autista tuttofare in Nicaragua quando, alla fine degli anni Ottanta, la guerra dei sandinisti con i contras portò il centro del mondo in quel piccolo Paese di foreste verdi e di povertà estrema, tra un Reagan tetragono che sparacchiava e armava i suoi "difensori della democrazia" e, di fronte, le orde giovanili dei *sandalistas* che sbarcavano a Managua nel loro pellegrinaggio ai santuari dell'utopia libertaria.

Parodi era tanto povero che non possedeva nemmeno un nome, si chiamava così, Parodi, e basta. E, con quel cognome che sapeva di Genova e di *frixeu* di Sottoripa, doveva essere l'ultimo discendente di qualche marinaio che dalla Lanterna un tempo era venuto a *posa' i ossa* in questa terra del Centroamerica.

Parodi, lui, era la sua auto, una vecchia Lincoln blu con i sedili di pelle bianca; non aveva nient'altro, e quando io, o qualche mio collega che lo "affittava" in mia assenza, non eravamo in Nicaragua, lui campava facendo il contrabbando con il Messico. Ma era prezioso, conosceva tutti, aveva parenti ovunque, ti apriva porte e interviste che nessun'altro avrebbe mai potuto.

In guerra, ma qualsiasi guerra, in Africa, in Medio Oriente, in America Latina, sempre e dovunque, noi reporter spesso tiriamo avanti grazie ai nostri taxisti, che sono angeli custodi, guardie del corpo, guide turistiche, corruttori delle polizie locali, interpreti quando serve, e anche ruffiani per chi ne ha voglia. E noi gli siamo riconoscenti per queste doti insostituibili, certamente pagandoli per il loro servizio ma, anche, facendoli nostri compagni di vita, dandogli amicizia vera, complicità, affetto.

In Salvador, José Carrizo per quasi una settimana mi

mantenne con i suoi soldi, in attesa che dall'Italia mi arrivassero i dollari; e quando l'aria era assai pesante, che i guerriglieri erano entrati in città e nelle strade si combatteva, e non si capiva bene da chi bisognasse guardarsi e dove, a José gli vietavo di tornare a casa, lui che abitava in una periferia lontana; lo facevo dormire su due cuscini della poltrona stesi sotto la finestra, ai piedi del letto, nella stanza del Camino Real. Lui mi diceva «*Buenas noches, don Mimo*», si girava verso la finestra e si addormentava con un ronfare lieve, mentre io continuavo a scrivere; al mattino, all'alba, quando le prime fucilerie mi svegliavano, lui non c'era più, seduto già al suo posto in macchina, che mi aspettava per andare in giro a fare il nostro lavoro.

Anche Parodi era perfetto, a parte il fatto che non aveva mai neanche un dollaro in tasca, e per due volte gli mandai dall'Italia i soldi per riscattare l'auto che il meccanico gli aveva preso in ostaggio perché Parodi non gli saldava il conto. Mi era molto grato, e lo diceva a modo suo.

Un pomeriggio venne a trovarmi all'Intercontinental che io ero in camera a scrivere. Il portiere mi chiamò al telefono, non voleva farlo passare: «Per il decoro dell'albergo» mi sussurrò in inglese alla cornetta. Parodi s'era presentato con l'intera sua famiglia, nove figli, la moglie, e un altro mezzo figlio in arrivo. Il piccolo esercito invase la mia stanza, che era lunga e stretta, e chi non stava in piedi si sedette per terra: avevano grandi occhi sgranati, e stavano muti, impacciati, che si vergognavano d'essere in quel posto lindo e luminoso; ce n'era di ogni età, dai dodici anni a poco più di un anno, e quest'ultimo dopo un poco lo depositarono sul letto, dove lui naturalmente si pisciò senza nemmeno dirlo.

Veramente, a pisciarsi addosso per l'emozione ci fu anche qualcun'altro della masnada, ma nemmeno quello parlò, e la macchia scura sulla moquette la vidi soltanto dopo che se n'erano andati via.

Dal cameriere avevo fatto portare spremute d'arancia per tutti, e grandi fette di torta; le spremute se le contesero ma alla fine le trangugiarono senza troppa confusione, i piccoli aiutati dai fratelli più grandi. Le fette di torta, invece, le mangiavano con gli occhi ma non osavano toccarle. Allora chiesi al *room service* di confezionarle in pacchetti con la stagnola, che potessero portarle a casa. Erano felici come nemmeno si può dire.

Prima di andarsene, quando dissi a Parodi che lo ringraziavo per quella bellissima visita, e lo ringraziavo davvero, lui fece schierare tutti i figli in riga, una lunga fila che riempiva la stanza; dovevano averlo preparato a casa, perché senza alcuna incertezza si piazzarono davanti a me in una sorta di teste e occhi e orecchie a scalare, primi i più grandi e poi, l'uno accanto all'altro, via via i più piccoli, con il penultimo ancora tenuto in braccio dalla mamma, che chiudeva la fila, muta sempre, lei, fin da quando era entrata con gli occhi bassi e mai tirati su. L'ultimo era rimasto sul letto, che dormiva beato nel suo piscio.

Parodi mi guardò, e con un gesto ampio della mano

allargò il braccio a comprenderli tutti, fino al penultimo e alla moglie che lo teneva al seno. Poi guardò la donna, che gli fece di sì con la testa, e lui allora parlò: «Con *mi esposa*, abbiamo deciso che lei scelga. Prenda quello che più le piace».

Lo guardavo, guardavo anche lei, ma non capivo.

«Don Mimo, noi sappiamo che persona è lei. Si prenda uno di questi nostri figli, scelga lei quello che vuole, e se lo porti in Italia.»

Ora lo guardavo davvero a bocca aperta, non sapevo se commuovermi o se sgridarlo. Io non ho figli, lui lo sapeva; noi due parlavamo spesso delle nostre vite, quando giravamo a lavorare, e lui sosteneva che i figli vengono e bisogna accettarli, perché è la natura che guida i nostri destini.

«Se vuole, don Mimo, ne prenda anche due, li faccia diventare suoi figli, laggiù, nel suo Paese; la mia sposa e io siamo sicuri che gli vorrà bene, che li farà studiare, e saranno dottori anche loro.» Mi guardava sereno, quasi felice, e anche la moglie, che era poco più di una ragazza ma già vecchia per la fatica di vivere. Lei mi sorrideva senza quasi denti, Parodi fece un piccolo cenno con la testa, come a rassicurarmi: «Don Mimo, non la disturberemo. Basta che lei ci mandi ogni tanto una cartolina, che ci dica che stanno bene».

Vinto lo stupore, ero felice per l'affetto che Parodi mi dava, e però terribilmente impacciato, tanto impacciato e frastornato che nemmeno riuscivo a commuovermi; mentre ora, in questo mio lettino dove io viaggiavo nel tempo, sentivo bruciarmi l'anima, nel ricordo di quel giorno. Povero Parodi, da quando il Nicaragua è uscito fuori dalle pagine dei giornali non ho più saputo nulla di lui. Non l'ho più chiamato, ma nemmeno lui. E nella notte dell'ospedale, il mare nero di Miami mi stagliava la sua faccia di piccolo delinquente onesto, la pancetta tonda, le braghe troppo corte, e quei suoi occhi buoni, d'un cane che la vita lo ha preso a calci.

Furono notti lunghe, quelle del Mount Sinai, e nella mia testa passava di tutto; però, la malinconia mi dava felicità. Risfogliavo un album che raramente avevo aperto, preso sempre dal ritmo d'un lavoro che spesso brucia il tempo, in una sequenza di fatti ai quali i miei racconti danno vita e sangue e dolore, e che però, scritto il racconto, è come se io li esiliassi nel fondo della memoria, privandoli dello spessore della loro realtà e consegnandoli al destino d'un archivio trascurato.

Spesso mi ero chiesto se questa sorta di oblio che per me accompagna storie e fatti, anche quando appena vissuti, fosse soltanto l'inevitabile cancellarsi della memoria a causa della sovrapposizione, forse troppo rapida, delle esperienze nelle quali i viaggi e le missioni cui ero chiamato mi costringevano, oppure se questa labilità dei ricordi non fosse piuttosto uno scudo, una protezione, una difesa vitale che il mio cervello metteva in corso, per proteggermi dalla durezza di certe esperienze dove la violenza la più cruda, e la faccia anonima della morte, avevano lo stesso respiro del mio fiato.

Quel caro disperato Parodi con la sua fila di soldatini offerti nelle loro povere braghe al *periodista* senza figli popolò più volte le mie lunghe notti del Mount Sinai, e con lui e quella sua fila a scalare c'erano anche questi due bimbi del mio sconosciuto vicino di camera, che ora li avevo avuti a un passo da me, in questo stesso mio tempo d'ospedale, con le loro voci allegre e la loro vitalità forte più d'ogni malattia.

Io non ho figli, e talvolta mi brucia ancora; ormai non aspramente come in anni passati, ma ancora brucia. E una notte incontrai sullo schermo del mare scuro anche un figlio che avevo trovato in Congo.

Era un piccolo fagotto nero, che aveva il moccio giallo al naso e stava seduto per terra, le gambette larghe, su una leggera marea di merda. Piangeva disperato, solo, in un paesaggio di migliaia di tende blu abbandonate, i teli che l'Onu dà ai disgraziati che non hanno più nulla e loro li fanno tetto, casa, riparo dalla pioggia, stracci nei quali avvolgersi per fermare il freddo. Quel mattino, in Congo non pioveva più, ma la distesa sterminata di teli blu e di bastoni ritti verso il cielo era diventata una città fantasma, silenziosa, muta, immobile, non un cane, non una ciabatta, non un segno di vita se non il pianto disperato del piccolo nella sua merda.

Per un anno, quel 2003, ci aveva vissuto un milione di profughi ruandesi, gli hutu, scappati in Congo per sottrarsi alla vendetta dei tutsi, che ora avevano preso il potere a Kigali ma, prima, gli hutu li avevano massacrati a colpi di machete, che era stata una strage orrenda come un genocidio.

Ora questo milione stava tornando verso casa, tra speranza e paura. Li avevamo incrociati venendo noi, in quattro su un gippone, da Kigali verso la foresta congolese, per incontrarli, vederli, capire. Ed era stato come entrare nel cuore di tenebra dell'Africa, nel fondo più oscuro e misterioso di uomini e donne perduti senza storia nella jungla, un milione di persone che ora camminava lentamente ai bordi della strada, i piedi nudi, pochi stracci addosso, i più vecchi con un bastone, tutti muti che nell'aria si sentiva lo strusciare forte dei loro piedi, duri come la scorza.

Quel mattino si era sparsa la voce che la guerra era finita, che potevano tornare a casa, nei loro villaggi, nelle loro capanne di paglia, nelle strade e negli incroci dove avevano tagliato teste, braccia, gambe, con ferocia sistematica, paziente, e senza pietà, senza perdoni, esaltati soltanto dal loro potere e dal potere che gli dava il machete. Ma ora la guerra era finita, e come un tamtam che traversava rapido l'aria fredda del primo giorno, scivolava lungo le strade di terra, s'incuneava dentro la foresta chiusa e cieca, quella voce d'un mattino appena cominciato aveva svegliato quest'angolo impenetrabile d'Africa, e quell'intero popolo si era messo in marcia.

Il gippone risaliva la foresta in senso inverso a questa gente che camminava lenta verso la città, volevamo contarli, guardarli, scoprire dove avevano vissuto la loro vita senza più casa né patria. E ora, alla fine di una lenta traversata in controtendenza, chilometri e chilometri tra due ali di folla che ci marciava contro, eravamo arrivati a questo mare immobile di tende blu e di lunghi bastoni che sembravano alberi rinsecchiti dalla fame.

Il bimbo piangeva.

Appena un chilometro addietro, avevamo visto un uomo perduto su un lato della strada, appoggiato a un tronco storto, abbandonato da chi se n'era andato via. Era rimasto lì per terra, uno di un milione. Magro come uno stecco, le costole che quasi le contavi, sotto la pelle nera era pallido che già moriva. Nel gippone ero corso a prendere una banana e cercavo di fargliela mordere; ma mi guardava senza vedermi, ormai perso, la bocca chiusa. Allora gli avevo accostato la borraccia alle labbra, lui aveva inghiottito alcune gocce ma poi, subito, mi morì, portandomi via con sé dentro il suo ultimo sguardo, mentre andava altrove. Non ebbi la forza di chiudergli gli occhi, come sempre fanno al cinema.

Nel vuoto di quella città di tende, chiamammo a gran voce, con la Gabriella, Giovanni e Claudio. Ci era parso di vedere una ragazzina, accanto al bimbo e al suo pianto disperato, e chiamammo. Chiamammo, chiamammo ancora, ma rispose soltanto il silenzio. Era scappata tra le tende, forse impaurita, o forse era stata soltanto un'illusione dei nostri desideri. Il piccolo ci guardava e piangeva. Non potevamo lasciarlo nella solitudine di quel nulla, lo presi tra le braccia.

Ripartimmo. Mi si strinse addosso, imbrattandomi di merda. Lo abbracciai più stretto, per calmarlo, tranquillizzarlo. Smise di piangere, e mi guardava con occhi grandi.

Sentivo il calore del suo corpo, la sua vita, non avevo mai provato la dolcezza di quel contatto; mi riempii di lacrime, in silenzio, la testa ritta, che i miei compagni non se ne accorgessero. A Kigali avevamo incontrato un missionario italiano, che su, alla buona, aveva organizzato un piccolo orfanotrofio per i cento e mille bambini perduti nella guerra. Gli portammo il piccolo della città fantasma. Io fui tentato dal tenerlo, era mio figlio, lo avevo avuto dal cielo verde della foresta; ma fui vigliacco, e lo lasciai al missionario, al quale facemmo anche l'offerta di cento dollari a testa, noi quattro, per i suoi bambini della guerra. Mi dissi che forse, chissà, sarei tornato a riprenderlo, quel mio piccolo figlio senza nome; ma già sapevo che non era vero.

Tutte queste storie che popolavano le mie notti a occhi aperti, le vivevo come una prodigiosa terapia di cui io soltanto avevo il controllo, una sorta di autocura che mi praticavo con la stessa, vogliosa, tensione d'un drogato, e dalla quale ricavavo una carica, una spinta vitale, che poi, nella dimensione difficile del giorno – quando i contorni sono netti, e i conti allora si fanno con la realtà reale – rafforzava ogni mia energia psichica; mi aiutava a resistere, a ritrovarmi capace di vincere la sfida con il lungo e incerto percorso del recupero.

Nelle notti a occhi aperti si è soli con se stessi, la realtà si perde, smarrita nella corsa confusa dei pensieri, e si vanno costruendo mondi che l'immaginazione popola di desideri, rimpianti, sogni, amarezze, speranze; in quel lettino del Mount Sinai, io avevo bisogno di questi mondi, un bisogno disperato.

Ero in crisi, avvertivo il danno amaro della perdita d'identità. Ma l'incertezza che dominava quel mio tempo d'ospedale, e che per recuperarmi riversavo sui miei fantasmi delle notti bianche, poi non era del tutto diversa dalla incertezza di tante delle altre notti bianche passate in guerra, quando il riposo del sonno arriva soltanto per il peso fisico della stanchezza e però la tensione, l'angoscia, anche la paura, sono un tormento che taglia il respiro.

Certo, non è che sia sempre così; la guerra non vive soltanto nel territorio dell'immaginario, dove a dominare sono la sua ferocia, la disperazione che lacera l'animo, i morti ammazzati, le macerie dietro cui cerchi riparo, il bivacco sulla terra nella cuccia del sacco a pelo. La vita del reporter ha anche pause, talvolta lunghe pause di noia, ha attese spossanti, inutili il più delle volte, ha il peso sconfortato della routine delle retrovie, ha riposi imprevisti (a Beirut, c'era un piccolo campo da basket vicino all'albergo, e ogni tanto, quando non si sparacchiava, ci andavo a fare una partita anch'io; e ad Al Khobar, una decina di noi comprò delle biciclette cinesi a basso costo e la notte, dopo aver inviato il nostro reportage, facevamo lunghe sgroppate felici, in attesa dell'attacco americano a Saddam Hussein); la vita del reporter ha poi anche quella sorta di confortevole cameratismo che nasce dal vivere spesso tutti assieme, in quell'albergo che – per qualche misteriosa ragione – diventa subito "l'albergo dei giornalisti", e ci vanno tutti, con le loro comuni paranoie, con le loro abitudini simili, con i loro ritmi di lavoro che s'incrociano e si misurano tagliando via ogni orario, in un flusso continuo che ignora il giorno e la notte e li consuma come se fossero uguali, un lungo tempo indifferente.

È come vivere in un collegio, che tutti hanno lo stesso obiettivo e però lo vivono con le loro diversità. La diversità dei fusi orari tra europei e americani o asiatici, la diversità tra chi fa televisione e chi il giornale, la diversità tra il fotoreporter e l'inchiestista, la diversità tra chi lavora per un quotidiano e chi per un settimanale o una rubrica, radio o Tv che sia. Eppure, alla fine, anche in questo caos disorganico e senza tempo comune, quelle diversità intrecciate trovano una loro più o meno naturale ricomposizione, dove la circolazione delle notizie e lo scandaglio delle "soffiate" diventano territorio aperto d'ogni passo, l'oggetto d'ogni sguardo e d'ogni parola spesa sottovoce, e tutti corrono, tutti hanno l'affanno, tutti circolano con microfoni, grandi agende, cuffie, e occhiali da sole anche la notte. I corridoi si riempiono di cavi, si montano generatori e stazioni satellitari, ci sono fili e lampade dovunque, che nemmeno una centrale della Nasa.

Ma in quella babele avviluppata di orari, di desideri, di tecniche, anche di lingue, l'intrico si scioglie immediatamente quando "la notizia" irrompe nei corridoi, su per le scale, dentro le stanze che naturalmente hanno la porta sempre aperta. Passa rapida, appena un attimo, e già l'esercito dei reporter è in movimento, ci sono urla, richiami, messaggi al satellitare, ciascuno con il proprio compito, le istruzioni già note e sperimentate, le telecamere sulla spalla, il borsone delle macchine fotografiche e gli obiettivi, e gli autisti giù, al parcheggio, che hanno già il motore acceso, e non conta per nessuno che sia giorno o notte.

Al Camino Real di San Salvador, in quel settembre del '92, la notizia che i soldati avevano sparato a Roberto Navas, fotoreporter della Reuters, arrivò che mezzanotte era già passata, ma per l'albergo era un'ora come tante. C'era gente che scriveva un po' dovunque, soprattutto nei corridoi, seduta malamente per terra, il computer sulle gambe, perché i guerriglieri avevano fatto saltare i tralicci dell'energia e il generatore del Camino dava luce soltanto negli spazi comuni. Partimmo tutti, restarono soltanto quelli che dovevano trasmettere subito e la *deadline* gli stava addosso; partimmo quelli dei giornali, partirono quelli delle Tv, e anche Mauricio Pinedo che faceva il cameraman di Canal 12 e andava in giro con un fuoristrada che sul parabrezza aveva le striscine dello scotch attaccate a formare, grande, la sigla «Tv».

Rientrammo all'alba, con poche notizie e senza

Roberto. Rientrammo anche senza Mauricio, che a quelli dell'esercito non interessava nulla che sul parabrezza lui avesse scritto «Tv», e gli spararono a bruciapelo, sulla faccia, perché la notte è buia, forse, o forse perché in guerra anche i giornalisti muoiono e un poco di scotch bianco appiccicato sul vetro non ti può salvare la pelle.

Il fantasma di Mauricio, però, e anche quello di Roberto, non vennero a trovarmi nella mia cameretta al Mount Sinai. Avevo dimenticato la loro faccia, perduta ormai in quell'archivio trascurato dove finiva gran parte del mio passato, e mi ricordavo l'affanno del Camino Real, il dolore cupo, le corse che facemmo con gli occhi tesi dall'angoscia, le poche parole sussurrate perché la morte stava già viaggiando con noi e la vedevamo, ma non i volti di Roberto e Mauricio, loro no.

Mi diede dolore averli perduti per sempre.

Quando la notte scolorava, e il giorno cominciava a far vedere il cielo, allora, spesso, chiudevo gli occhi, quasi senza accorgermene. Mi svegliava l'infermiera che veniva a lavarmi, nel mio camicione bianco da malato incapace. Diceva che dormivo con un sorriso, lei non sapeva che erano i miei fantasmi ch'erano venuti a trovarmi.

11

L'assassino che non fa rumore

Anche da lontano, quando ci stai arrivando, Tampa luccica di sole e di mare. Ha grattacieli che svettano come neanche Manhattan, eppure sembra una città quieta, dove perfino il traffico delle auto gira che quasi non lo senti. Ma i militari li trovi a ogni passaggio, sono il sigillo forte della sua storia. Perché a Tampa, Florida, quei soldati e quelle loro auto sono il Centcom, una sigla che segna uno dei gangli vitali della potenza militare americana: la base MacDill dell'Us Air Force, infatti, con le sue palazzine basse, che sanno d'epoca passata, e i vialetti ordinati di palme, e i parcheggi lindi e ben tracciati, e poi, naturalmente, la larga bandiera a stelle e strisce che sventola alta sugli stendardi dei gruppi operativi, è il comando strategico che decide la guerra in una larga fetta del pianeta, quella che sta in mezzo, tra l'Europa da una parte e, dall'altra, l'Asia lontana.

Nelle grandi sale di quelle villette, schermate e protette da ogni possibile infiltrazione elettronica, generali a quattro stelle hanno disegnato sulle mappe i tracciati delle operazioni che poi decidevano la vita e la morte nei deserti di petrolio del Kuwait, o tra le montagne cupe dell'Afghanistan, o anche lungo le strade sfasciate di Mogadiscio trasformate in trappole mortali per i marine. Da quando Jimmy Carter lo decise, il Central Command di Tampa guida le operazioni militari in Medio Oriente, nel Nordafrica, e nell'Asia Centrale; tutte le guerre degli ultimi trent'anni, Desert Storm, naturalmente, con la sua armata di 900.000 uomini che mai si era vista dalla Seconda guerra mondiale, e poi Enduring Freedom che ancora non è nemmeno finita, se mai finirà, e Restore Hope che ammazzava i marine come nemmeno al cinema, e poi, ora, il califfato trucido di Al-Baghdādī, e comunque tutte le guerre, grandi o piccole che fossero, che talvolta nemmeno le chiamavano guerre ma guerre vere comunque lo erano, tutte sono state decise qui, a MacDill, a un passo appena dal mare blu di Tampa e della sua "marina" affollata dagli yacht che nel weekend salpano ad arpionare i marlin.

La guerra, in Florida, sta infilata in mezzo ai giorni qualunque di mare e di sole; la guerra è lontana, certo, che a Tampa nemmeno la vedi. Ma da lì parte, comunque, e poi, quando dentro la guerra ci arrivi davvero, in Iraq o in Afghanistan o in qualsiasi altro dannato buco del mondo, scopri che però quasi ti ammazzava senza che tu nemmeno lo sapessi.

Già, perché in guerra certo che si muore ammazzati, di kalashnikov, di Rpg, di cannonate che sembrano il tuono di Olimpo, di missili che tagliano l'aria e aprono voragini d'inferno, di bombe intelligenti che non sanno dove andare, si muore di fuoco amico, di distrazione cieca, di incidenti imprevisti, si muore perché si è in guerra e comunque la guerra ammazza, e però – e questo non si deve dire – ammazza anche quando non si vede ma, intanto, ha ammorbato l'aria che respiri e la terra che calpesti, e non sai che ormai sei fottuto. Si chiama uranio impoverito, ed è la morte silenziosa, che non ha pallottole o bombe o missili, non squarcia pance o teste, non ferisce, non fa sangue, ma ti entra dentro il corpo che nemmeno te ne accorgi, e da quel momento la tua vita se ne sta andando via.

Dal mio lettino del Mount Sinai, nel sud verde della Florida, Tampa stava a 250 miglia su a nord, appena quattro ore d'auto. A Miami, la guerra nemmeno si sa che cosa sia, il sole, il mare, e la sabbia bianca, hanno altro da pensare; ma il Cancer Center certe cose, invece, le sa bene, perché Tampa, poi, da qui è solo la corsa d'un soffio nell'autostrada a quattro corsie, e chi studia le lacerazioni brutali del cancro e le cause che lo impiantano in un polmone, nel pancreas, dentro l'intestino, qui le conoscono, le studiano, ne sanno per quello che comunque da Tampa filtra, perché a Tampa, dove tutto è segreto, arriva forte l'eco dei veterani ammalati di cancro di quella Guerra del Golfo che dal Centcom fu ordinata e che colpì molte migliaia di soldati spediti a far pentire Saddam d'aver invaso il Kuwait.

Le guerre, anche quando sono finite, e chiuse, e però

quella del Golfo non è nemmeno chiusa, si trascinano nel tempo misteri e segreti che nessuno mai svelerà. Un qualche Snowden può anche arrivare, prima o poi, a tirar fuori dalla polvere d'un dossier riservatissimo documenti che cantano chiaro, ma la cortina di nebbia che i centri di studi strategici e la lobby dell'industria militare alzano fitta a proteggere i loro affari lascia sempre dubbi e ambiguità in cui ogni ricerca si smarrisce.

Tampa mi venne in mente un giorno in cui mi parve di sentirne il nome da qualcuno dell'équipe che mi seguiva. Si stavano allontanando dal mio lettino, e parlavano tra di loro, erano tre o quattro, e mi parve di capire che stessero discutendo del mio tumore in connessione ai molti casi di cancro patiti dai militari, dopo la Guerra del Golfo.

Ne sapevo qualcosa, come tutti i reporter, che per raccontare quella guerra avevamo passato settimane e mesi nei deserti grigi dell'Arabia Saudita e, poi, in Kuwait, sotto i fumi collosi del petrolio mandato in fiamme da Saddam. Ci avevano anche allertati che, "molto probabilmente", il raìss di Baghdad possedeva missili con testate chimiche, e che bisognava prepararsi a subire un attacco di difficile contenimento. Ora, in quel lettino candido del Mount Sinai e nell'atmosfera sterilizzata dentro la quale mi trovavo calato, mi veniva da sorridere se pensavo all'approssimazione con la quale ci avevano istruiti su come comportarci, in un breve corso tenuto a novembre del '90 da un paio di tecnici dei reparti militari Nbc (la guerra nucleare, biologica, chimica) in uno slargo del deserto di Dhahran, tra blindati che sonnecchiavano al sole e reparti che sudavano il loro addestramento nella sabbia.

La guerra è fatta anche di questi contrasti vistosi, dove magari si prendono cura di te se devi rischiare la pelle e, però, la tanta buona volontà che certamente ci mettono si accompagna, poi, a soluzioni dove la praticità dei risultati viene raggiunta in modo sbrigativo, da militari verrebbe da dire (quando, arrivando in zona di combattimento, ti presenti al comando militare per farti registrare e ottenere un pass che ti consenta di muoverti senza che qualcuno ti prenda per una spia e ti spari addosso, una delle tante carte che ti fanno firmare – dove ti dicono quello che puoi fare e quello che invece non devi mai scrivere – ti chiede cortesemente di comunicare in anticipo a chi debba essere consegnato il tuo cadavere, una volta che ti avranno ammazzato. Che è informazione giusta e utile, ma una qualche forma meno brutale forse la dovrebbero pur trovare).

Ci convocarono in un gruppo ben numeroso, tutti seduti per terra, e ci fecero vedere che cosa bisognava fare quando un missile a testata chimica o biologica decideva di pioverci a poca distanza. Dopo il botto, e se non eravamo troppo storditi, avremmo avuto appena sette secondi per indossare la maschera antigas e spararci in una coscia una siringata di qualche antidoto. Alcuni di noi, per esercitazione, e anche assistiti dai tecnici, provarono a farsi cronometrare la manovra, ma il risultato fu sempre disastroso: mai meno di dieci secondi per la maschera, i più veloci, e poi ancora altro tempo per piantarsi la siringa nella coscia. Se davvero il missile fosse arrivato, di certo noi non lo avremmo mai raccontato.

Comunque, ci consegnarono una tuta assolutamente impermeabile, che dovevamo indossare per una copertura integrale, dalla testa ai piedi, e poi la maschera antigas, difficilissima da sistemare sulla bocca senza morire asfissiati, e la siringa dell'antidoto. Buona fortuna, ci dissero anche. Ci allontanammo come scolari alla fine della lezione, con i nostri borsoni rigonfi di quel materiale ma chiacchierando con divertita allegria, perché convinti, tutti, che mai e poi mai qualcuno sarebbe stato capace di fare il compito assegnato. In guerra, comunque, non pensi mai che ti ammazzeranno, e puoi anche scherzarci su.

Sorridevo, nel lettino lindo e tranquillo del Mount Sinai, ricordando come anche io, dopo il rapido corso di addestramento, e arrivando allora nella camera del mio albergo saudita, ad Al Khobar, avessi tentato di mettermi sulla faccia la maschera con il suo filtro da svitare e mai, però, e ci provai più volte, fossi riuscito a completare l'operazione, nemmeno in due o tre eterni minuti. Il borsone di tuta e maschera finì sconsolato in un angolo, accanto al letto, e sopra ci buttavo la sahariana impregnata di sabbia quando tornavo dai miei giri nel deserto che preparava la guerra.

E allora, lì, nel lettino di Miami, mi venne in mente Mutla Ridge, che c'ero passato senza tuta e senza maschera e senza siringa, e ancora in questi giorni americani, tanti anni dopo, non sapevo nemmeno che cosa fosse stata veramente quella lontana storia del Golfo dove mi ero trovato che quasi mi lasciava a bocca aperta, mentre ci arrivavo, e pareva un angoscioso set alla Mad Max. Perché, quello che avevo davanti ai miei occhi in quel giorno, e si chiamava Mutla Ridge, era come un territorio bombardato da qualche strana esplosione atomica, e dove ogni tuo respiro, perciò, ogni passo, ogni cosa che toccavi o sfioravi, ti avrebbe contaminato, consegnandoti alla lunga mano della morte.

Quel posto d'inferno è una sorta di collinetta brulla, che si erge sulla strada che da Kuwait City porta alla frontiera con l'Iraq. È poco più d'un rialzo gibboso arrampicato per due o trecento metri, con la strada che lo taglia a metà e ai lati si allarga il deserto. Quando ci arrivai, giù, ai piedi – e però, guidando, già da lontano ne vedevo lo scempio agghiacciante – fu come stare dentro un'apocalisse. Un migliaio, e anche più, di automobili, di bus, di camion, di jeep, anche di blindati, anche qualche tank, stavano accartocciati per ogni dove, l'uno addosso all'altro, alcuni quasi piantati nel terreno, altri rovesciati o muso contro muso, altri ancora quasi incastrati orrendamente, come se una gigantesca ventata, una potentissima tromba d'aria, un qualche dannato fungo atomico, li avesse investiti, sollevandoli, su, in cielo, e poi li avesse abbandonati lasciandoli cadere sul terreno.

Il silenzio, assoluto, che quasi ti afferrava l'animo, sentiva i miei passi sulla sabbia; c'era con me soltanto un alito d'aria, non un segno di vita, e quell'immenso, stupefacente, cimitero di vetture era come il monumento di un'angosciosa performance di arte concettuale proposta nel deserto da un padreterno impazzito. Ci camminavo in mezzo rimontando la salita, scrutavo nei blindati e nelle auto, aprivo portiere sfasciate, toccavo con la mano a sentire la consistenza del metallo, tiravo su col naso a sniffare dentro quegli abitacoli vuoti: cercavo una traccia, un segno, un significato che potesse aiutarmi a capire qualcosa di quel mistero immobile e spento. Centinaia e centinaia di mezzi, ma non un morto abbandonato sulla sabbia, non un filo di sangue, non l'orma d'una vita.

Quello era stato certamente il lungo, infinito, corteo di auto e di camion che avevano abbandonato Kuwait City quando la battaglia di Desert Storm era apparsa ormai segnata; scappavano verso la frontiera dell'Iraq per riportare al sicuro, in patria, gli uomini del raìss, le sue guardie, i suoi funzionari che avevano gestito l'occupazione dello sceiccato, le donne, i bambini, i disgraziati collaborazionisti dell'invasore, destinati altrimenti a finire impiccati. Dovevano esser stati migliaia e migliaia di iracheni terrorizzati, un popolo in fuga da una guerra perduta; ma ora erano come spariti nel nulla, in quella trappola muta del Mutla Ridge, persi come fantasmi illusori d'un deserto senza vita.

Una sola traccia la trovai dentro un vecchio autobus azzurro che se ne stava appoggiato su un fianco, con gli pneumatici in aria e i finestrini ancora intatti; mi arrampicai sulla fiancata, aprendo la portiera per guardar dentro: dappertutto c'erano borsoni e valigie, sacchi di plastica, cartoni sfasciati dall'urto contro il terreno, ma poi anche – e la vidi subito in quell'ammasso confuso – una pecora bianca incastrata tra due sedili, stesa su un fianco e con un filo rosso di sangue che dal muso si allungava fino alla zampe.

Non c'era alcun segno d'un colpo tirato ad ammazzare questo povero animale, solo quel filo rosso che raccontava la morte. Le guerre, lo dicevo, portano con sé misteri spesso irrisolti, su cui il silenzio aspetta un futuro lontano, per poter parlare; ma le guerre sono anche poligoni naturali dove gli eserciti e l'industria degli armamenti provano *in corpore* nuovi sistemi d'arma, tecnologie sperimentali, strumenti d'uso da sviluppare nel campo di battaglia.

Lasciai Mutla Ridge con la testa che s'arrovellava di domande cui non riuscivo a trovare una risposta. Soltanto qualche tempo dopo lessi da qualche parte che l'esercito americano stava sperimentando una nuova arma, la Fuel Air Explosive, una sorta di miniatomica che esplode in aria risucchiando l'ossigeno finanche dai polmoni, e distruggendo ogni vita senza lasciare alcun segno traumatico. Mutla Ridge era stato il poligono naturale dove sperimentare quell'arma ancora misteriosa; e le migliaia di cadaveri rimaste sul terreno erano sparite, interrate furiosamente in una corsa contro il tempo da una formazione di Desert Rats britannici, cui era stato ordinato di non lasciare alcuna traccia visibile di quel massacro.

Alla prima luce dell'alba, in quel mattino di terrore e di fughe disperate, un raid americano doveva aver intercettato dall'alto il lungo convoglio, e con i suoi missili aveva attaccato le vetture di testa e quelle di coda: è una tattica comune dei raid aerei, perché distruggendo le prime vetture e le ultime, aveva paralizzato il corteo, che s'era imbottigliato in un furore di clacson e di manovre disperate; le mille e mille auto, terrorizzate come formiche impazzite, avevano tentato allora di sparpagliarsi nel deserto, ai lati della strada, per trovare ancora una qualche via di salvezza. Ma lì, nella ricerca confusa e affannata d'un percorso libero, erano state bombardate da quell'ordigno infernale, ed erano morti tutti, inchiodati da un'esplosione che nemmeno avevano potuto vedere, su, in cielo, e che in un solo attimo s'era portata via dai loro polmoni ogni fiato d'ossigeno.

Come tutti i corrispondenti di guerra, ho camminato per miglia e miglia dentro i territori traversati dalle battaglie nei continenti del mondo lontano, ne ho pestato le tracce, i campi sconvolti, i rifugi abbandonati, ne ho respirato l'aria ammorbata dalle esplosioni, ho toccato macerie ancora fumanti e corpi feriti che cercavano disperati un aiuto dalla morte. Ho portato sulla pelle la polvere di quella vita disgraziata, e ho inalato nei polmoni, con la polvere, anche l'aria contaminata di tutti quei giorni, uguali ovunque nella disperazione esposta crudamente ai miei occhi.

Ero segnato, io come tutti, e lo sapevamo. Ma era il nostro lavoro, il nostro mestiere, e non potevano tirarci indietro; sì, qualcuno lo faceva, lo ha fatto, indossando malamente i panni di Lord Jim. Però noi – la gran parte di noi – abbiamo sempre avuto l'orgoglio della nostra comune identità. E a quella abbiamo legato l'etica d'una responsabilità assunta come atto testimoniale di un racconto che accompagna, fianco a fianco, lo srotolarsi di quel filo sottile d'imprevedibilità al quale in guerra vita e morte consegnano il proprio destino.

Quei pensieri, quelle memorie anche lontane, popolavano e affollavano i giorni monotoni del mio recupero, nel lettino del Mount Sinai. Erano giorni lunghi, che non finivano mai, segnati unicamente da un lentissimo progresso delle mie condizioni fisiche; la testa però no, la testa, la volontà, l'impegno a non rassegnarsi, non avevano mai ceduto alla durezza della sfida che le condizioni ancora drammaticamente critiche mi proponevano, e Marinella – attenta a non indebolire la mia resistenza – mi sorrideva sempre, per nascondere la preoccupazione d'una degenza che si protraeva troppo (e spesso, per darmi sollievo, psicologico oltre che fisico, mi portava a pranzo una scodella di pasta e fagioli, mio piatto preferito, in felice sostituzione della sbobba che l'ospedale mi propinava).

In quella difficile resistenza, nella energia mentale che cercavo intensamente di recuperare da quella resistenza, ritrovavo le radici della mia identità, mi ci riconoscevo, me ne facevo scudo e spinta volitiva per superare le crisi che si susseguivano e colpivano un sistema immunitario ormai tristemente in macerie. Il tumore, lo avevano estirpato; ma la debolezza estrema del mio corpo, e il rischio di una recidiva – imprevedibile e però possibile – mi costringevano a una condizione di cautela costante, ossessiva, monitorata giorno dopo giorno con una cura maniacale, quasi che Lilenbaum avesse posto una rilevante ipoteca personale sulla soluzione positiva del mio caso.

Il suo *trial* era stato un successo, mi aveva liberato da un tumore "inasportabile" e mi aveva restituito alla vita dopo quella prima condanna a morte che appariva inappellabile. Lui ne aveva fatto anche una rapida comunicazione scientifica per un congresso internazionale di oncologia polmonare, in quegli stessi giorni, mettendo in rilievo come il successo del suo *trial* stesse all'interno di un cinque per cento di risultati positivi a livello mondiale. Lilenbaum se ne faceva legittimamente orgoglioso come oncologo, ma ne ricavava anche la disponibilità a un autentico coinvolgimento personale, dopo che quei mesi di frequentazione ci avevano fatto superare la barriera del rapporto medico-paziente e avevano creato tra di noi un qualche legame d'amicizia. A questo aveva contribuito senza dubbio l'affettuosa presenza di Francesca, ma c'era anche una sorta di riguardo, e di stima, dopo che Lilenbaum aveva appreso del mio lavoro, da quanto gli aveva raccontato quel suo giovane collega romano.

La figura del corrispondente di guerra gode d'una particolare considerazione popolare per la retorica che inevitabilmente accompagna la natura del suo lavoro, segnato da un percorso dove la linea di separazione tra vita e morte appare molto labile, anche se poi consegnata di fatto alla casualità di circostanze non sempre controllabili; cinema e letteratura ne hanno disegnato profili di forte connotazione emozionale, contribuendo a dare al reporter che si muove nei campi di battaglia una dimensione epica. L'immaginario si piega docile a pensare a lui come a un giornalista avventuroso, che sta a metà tra Rambo e Hemingway, impegnato gloriosamente nella difficile ricerca della verità, contrastato dai comandi militari, ma anche sbevazzone, sessuomane spregiudicato, con le pallottole che gli fischiano a un centimetro dalle orecchie, e però, alla fine, pronto a difendere i deboli che un miliziano barbuto sempre minaccia di efferatezze estreme.

La misura del reale è molto più modesta. E tuttavia, anche senza volerlo, io potevo sfruttare quell'immaginario per guadagnarmi da Lilenbaum considerazione, anche professionale, e legami concreti di amicizia.

Nei vetrini dei miei prelievi bioptici erano state trovate tracce intense di metalli pesanti, polveri generate ad altissima temperatura, materiali che nulla hanno a che fare con l'inquinamento che tutti subiamo nella comune vita quotidiana; perché, schifezze che ammorbano l'aria a Milano o Napoli o New York se ne trovano di sicuro, nei polmoni di chiunque, ma in quelle polveri sottili non ci sarà mai il titanio, o l'uranio, o il tungsteno, o l'ossido di zirconio che ha il punto di fusione a 2680 gradi.

La guerra, invece, con i missili, gli obici, i proiettili comunque di armamento pesante, quei metalli li usa abbondantemente, per la propulsione maggiorata che danno alla spinta di penetrazione nel bersaglio. Con questi suoi colpi "maggiorati", la guerra ammazza più facilmente, e quindi l'utilità che ne ricava è molto apprezzata dai militari, che la guerra la fanno sul campo di battaglia; ma è apprezzata anche, e molto, dall'industria militare, che alle linee di fuoco degli eserciti può offrire armi di straordinaria efficacia a un costo molto basso (un chilo di uranio impoverito vale, sul mercato, appena due dollari). E se poi questo allettante risultato provoca il drammatico inquinamento dell'aria e del territorio, la fastidiosa circostanza viene classificata come parte degli inevitabili "danni collaterali" che ogni conflitto colleziona sempre, nella serena indifferenza degli alti comandi e dei referenti politici che ne appoggiano le operazioni.

Sentendo le parole che m'arrivavano, sussurrate, lontane, ma comunque percettibili, dai dialoghi professionali dei medici del Mount Sinai, e ripensando agli anni che avevo passato nei territori di guerra svicolando per mia fortuna i rischi delle bombe e dei kalashnikov e però, contemporaneamente, non avendo alcuna possibilità di sottrarmi ai rischi della contaminazione dall'aria o dal terreno bombardato, mi andavo chiedendo di quanto, per questo mio tumore, io fossi debitore a quella mia vita da reporter. Sul lettino d'una camera d'ospedale dove una degenza troppo lunga ti sta distruggendo il corpo e la tua stessa energia mentale, non è facile starsene sereni a individuare colpe e responsabili dei guai che stai patendo. E io mi arrovellavo di brutto, incerto sul limite fino al quale mi era possibile spingermi in quel dubbio che mi s'accendeva dentro.

Sapevo, perché faceva parte del materiale d'uso che il mio lavoro utilizza, quale aspro contrasto avesse coinvolto il Pentagono e l'associazione americana dei veterani della guerra del '91, il Desert Storm di Schwarzkopf, dopo che una serie funesta di danni fisici e neurologici aveva colpito più di 100.000 soldati della spedizione, fino a guadagnarsi una specifica classificazione scientifica, la "sindrome del Golfo"; e sapevo come le valutazioni mediche che avevano analizzato la "sindrome" fossero state, però, pesantemente controverse sulla eziologia dei malanni denunciati dai reduci e dalle loro famiglie (accanto ai danni fisici dei militari, erano state denunciate anche alcune malformazioni genetiche dei loro bimbi, nati dopo la guerra).

Il problema era rimbalzato anche in Italia, dopo che i nostri soldati erano stati schierati nelle guerre della ex Jugoslavia, quando le forze aeree della Nato avevano sganciato decine di migliaia di bombe all'uranio impoverito anche sul Kosovo e nelle aree dove l'Italia operava sul terreno. E almeno trecento di quei soldati avevano poi sviluppato forme tumorali e morbo di Hodgkin, perdendo – molti – la vita, dopo che inutilmente s'erano appellati al ministero della Difesa perché riconoscesse una "causa di servizio" in quelle forme statisticamente inusuali di cancro.

L'uranio impoverito è una brutta bestia, come il tungsteno, certo, e anche il titanio, e anche tutti gli altri metalli pesanti venduti alla industria militare, ma è soprattutto lui, e la sua radioattività, che sono la brutta bestia di noi reporter, che non abbiamo reparti di difesa Nbc e però – dall'Iraq al Kosovo, dalla Somalia all'Afghanistan – dovunque noi seguiamo le guerre che il Centcom lancia dalla Florida, in quegli stessi campi bombardati noi sempre lo troviamo, sotto i nostri piedi che calpestano il terreno inquinato senza che possiamo recuperare alcuna sicurezza, e nell'aria ammorbata che respiriamo e in faccia non abbiamo, certo, una qualche stupida maschera antigas, e anche in quei relitti di carri armati, di blindati, e di corpi straziati ai quali ci avviciniamo per capire che cosa davvero sia accaduto, e li tocchiamo, li sfioriamo, li annusiamo, e intanto – senza saperlo, senza volerlo – ci portiamo dentro di noi, nella bocca, nei bronchi, nei polmoni, particelle invisibili abitate dal demonio della morte.

L'uranio impoverito è un materiale di scarto che deriva dalla raffinazione dell'uranio naturale, e però è straordinariamente interessante per l'industria dell'armamento perché si offre sul mercato a un prezzo irrisorio – e questo già conta per la massimizzazione dei profitti – ma ha poi, e soprattutto, la dote assai appetibile d'un elevato peso specifico, uno dei più alti in assoluto nel pianeta, quasi il doppio del piombo. I fabbricanti di armi se ne servono, non soltanto per le corazze dei blindati, ma anche e soprattutto per dare corpo ai proiettili anticarro: la loro alta densità e la grande energia cinetica che sviluppa la velocità del loro sganciamento, fuori dal cannone Gau-8 per esempio, o dagli A-10 Thunderbolt, al momento dell'impatto e della penetrazione nella corazza dei carri polverizzano la maggior parte dell'uranio che trasportano, facendolo esplodere in miliardi di microframmenti incandescenti che si consumano a una temperatura anche di 4000 gradi.

Dai 120 grammi di uranio impoverito innestati in un proiettile anticarro, nel momento dell'esplosione si liberano forti quantità di nanopolveri, radioattive e altamente tossiche. Questi miniframmenti di nanopolvere si diffondono nell'aria, ci navigano lievi, liberi, sospesi come una nuvola invisibile, impalpabili quanto l'aria, eterni più dell'aria. Sono vuoti, sono atomi vuoti, ma dentro di loro portano la morte radioattiva.

Il tempo, prima o poi, quando ne avrà voglia, alla fine li deposita sul terreno, sulle cose che ci vivono, sulle povere macerie della guerra, sui cadaveri che si gonfiano al sole, sulle mosche che li succhiano golose e poi volano via indifferenti, sui resti dei carri distrutti e dei blindati squarciati, sulle mani, la bocca, il naso, i polmoni, il retto, di chi dentro questa nuvola invisibile passa e senza saperlo si sta offrendo, forse, a una morte possibile.

Non tutti ci muoiono, poi, la contaminazione non vuole la morte certa. Ma in Iraq – nella guerra del Desert Storm, che dentro ci andavamo passo a passo con i soldati, ed entravamo nei carri arsi dai proiettili di uranio come fossero stati di cartone, sfioravamo lo sfascio sventrato e irriconoscibile dei blindati, ne respiravamo l'aria che puzzava ancora di fuoco e di povera carne bruciata – laggiù ancora oggi ci sono sul terreno e in aria tonnellate di frammenti invisibili di nanopolvere da uranio impoverito, depositati dal milione di bombe sganciate in quelle poche settimane di guerra; e se noi reporter, comunque, siamo poi tornati a casa, magari qualcuno con la polvere del demonio dentro un polmone, per coloro invece che sono rimasti lì, perché lì ci vivono, quella guerra non è mai finita.

Questi calcoli, questi numeri, queste angosciose immagini d'un futuro possibile, li avevo anche scritti, poi, e ne avevo anche parlato nelle conferenze alle quali ero stato invitato in giro per l'Italia, ma la reazione del pubblico mi era apparsa sempre blanda; perché, una guerra che finisce cancella subito la memoria. Quando è la guerra degli altri, naturalmente.

Ora, nel lettino del Mount Sinai, in compagnia dei miei fantasmi, riandavo ai mille anni che avevo vissuto assieme a loro, dentro il nostro tempo delle guerre, i pericoli, le corse disperate, gli uomini con gli occhi perduti, le rovine che cancellavano il passato, i pianti ormai senza più lacrime, le disperazioni a crepacuore, le cannonate, le cannonate, le cannonate, e le notti di terrore, la sporcizia, il piscio dovunque, gli scarafaggi, i topi, gli scorpioni, la polvere che il Sahara ti inchioda negli occhi, il riso da mangiare con le mani in una scodella lavata solo con la terra del deserto, e il cesso che non c'è, e la carta igienica, e la barba che non puoi raderti, e i jeans e la maglietta che sudore e polvere fanno di cartone, e il telefono che non va, e la famiglia persa in un orizzonte impossibile, e Maria Laura che s'è presa un tumore al rene in Afghanistan, e Maria Grazia che in Afghanistan ci è morta, e Julio Fuentes che ci è morto anche lui, e il Coronel, l'"olandese"', che è morto con la telecamera in mano mentre la moglie stava registrando il sonoro del suo filmato a un passo da lui, ed è morto anche Jack che si scolava il whisky come acqua, e Roberto, e il povero Ciriello, e Vicente che aveva la barba come un moschettiere, e se tu non ti butti a terra ti ammazzano anche a te – tutto, tutto, ora, era lì con me, affollava quel mio lettino bianco, mi parlava mille lingue, mi sfiorava, mi toccava, mi raccontava le nostre storie e i mille anni nostri, mi faceva compagnia. E mi ridava alla vita.

12

Non è mai finita

Quel mattino mi rasai con una cura che mai avevo, mi pettinai come un Rodolfo Valentino in caccia, con i capelli tirati stretti dall'acqua, e volli da Marinella la stessa t-shirt che indossavo nel giorno che Lilenbaum m'aveva detto che ero già morto, quella dove il faccione di Bob Marley cantava *One Love*. Ma poi, quando mi scrutai a corpo intero nello specchio dell'armadio, non riuscii a sorridermi: quella messa in scena non serviva a un bel niente, ero davvero un rudere.

Stavo lasciando l'ospedale dopo quaranta giorni, e mi tremavano le mani per l'emozione, o forse era la debolezza: le gambe quasi non mi reggevano, avevo il fiato corto, e mi vidi magro che davvero mi si contavano le ossa. Fu la miseria d'un solo minuto, però, il tempo di arrivare all'uscita, perché appena fui dentro la luce calda del sole, lì, sul portoncino che mi si era aperto addosso, e finalmente vidi il mare verde e blu a pochi passi che quasi lo toccavo, e non avevo più il filtro delle vetrate del Mount Sinai, mi ritrovai tanta energia, dentro, che quasi scoppiavo. Mi venne in mente Popeye, il mio mitico Braccio di ferro, quando ingurgita la sua latta di spinaci e gli si gonfiano i muscolacci che stritolerebbe il mondo, ecco, ero come lui, di nuovo, e il sole e il mare erano di nuovo miei.

Però Marinella non era Olivia, e non volle sentir storie: mi spinse di forza dentro l'auto, a non prendere troppa aria.

E aveva ragione lei. Ero tanto euforico, esaltato per la libertà che ritrovavo, e la mia energia mentale che di nuovo caricava come un'idrovora, che a casa volli pranzare sul balcone, proprio di fronte al mare, a godermene il piacere che mi dava. Ma fui sconfitto: la felicità che provavo non resse l'impatto del soffio teso della brezza che al quattordicesimo piano veniva su dalla baia, e mi presi una brutta broncopolmonite. Nemmeno due giorni di libertà, e dovettero ricoverarmi di nuovo al Mount Sinai; ero tanto debole che rischiavo di morirne.

Mi toccarono altre due settimane d'ospedale, ma questa volta non mi piegarono neanche un briciolo: avevo ritrovato la mia identità, sia pure per poche ore, e ormai nulla poteva battermi. Mi riempirono di flebo e di facce preoccupate, e di mille farmaci e di tanti medici attorno a me, ma ero indifferente. Pensavo alle 55 vasche, e sapevo che io, la mia testa, la mia volontà, avremmo vinto comunque.

E fu così, naturalmente. Poi, quando tu hai superato il tumore, la tua vita è cambiata per sempre: nulla più è come prima, sai dentro di te che in un maledetto giorno ti eri trovato sulla strada della morte, ma la morte vera, quella che ti mettono in una cassa di legno, non quella ipotetica d'una brutta storia quotidiana, e però sei riuscito a venirne fuori, e allora tutto quello che hai d'attorno, e le cose che ti dicono, le cose che devi fare, tutto viene valutato con un distacco e una serenità che possono avere soltanto coloro che hanno superato prove estreme, e sono pochi.

In guerra mi era accaduto molte volte, di finire sotto tiro, quando il sangue davvero si gela perché senti che vogliono ammazzare proprio te ma tu non puoi farci nulla; e alla fine, se ne esci, per una delle tante mille circostanze che in guerra non hanno alcuna logica, perché in guerra vivi e muori allo stesso modo, allora ogni passo, ogni respiro, sono come il primo passo, e il primo respiro, d'una vita nuova.

Un mattino degli anni Ottanta, seguendo l'avanzata delle truppe di Saddam che invadevano l'Iran, in tre o quattro di noi ci trovammo imbottigliati sotto il tiro di una pattuglia khomeinista, che ci puntava dall'alto d'un corto rialzo del terreno. Due di noi, Mo del «Corriere» e Lami del «Giornale», buttandosi giù e appiattendosi come bisce impaurite, riuscirono a ripararsi dietro le ruote di un grosso gippone sfondato da una cannonata, e stavano immobili, con il cecchino che li cercava nel suo cannocchiale; erano in trappola, non sapevano che cosa fare per uscirne, perché – a ogni piccolo movimento – quello da lassù tirava a colpire. Sgusciai via, allora, dal rudere d'una casa in macerie dove io mi ero rifugiato, e strisciando addosso al muro, appiccicato ai mattoni come un vecchio francobollo che non vuol staccarsi, lentamente, centimetro dopo centimetro, arrivai a pochi passi dai miei due compagni, per dargli a voce un conforto, certamente, ma anche qualche indicazione che potesse aiutarli. Avevo il cecchino di fronte a me, lì in alto, e loro due erano in mezzo, tra me e quello; ma loro erano ciechi, chiusi dal gippone che gli salvava la pelle, mentre io potevo vedere i colpi che partivano. E sentivo il sibilo del proiettile che mi sfiorava, perché quello – lì, in alto – seguiva i miei spostamenti e mi cacciava.

Durò un tempo che non finiva mai, giocando un rimpiattino mortale con il pasdaran che doveva avere un caricatore lungo quanto i mille racconti di Shahrazād. Ma in quel tempo immobile, mentre nel vuoto dell'aria sentivamo le cannonate della battaglia di fianco a noi, trovammo alla fine il modo anche di scherzarci su, in un dialogo surreale tra me che stavo dietro il muretto e loro due schiacciati a terra a quattro o cinque metri da me; parlammo di tutto, ci prendemmo in giro, ci passammo istruzioni su come sopravvivere, «non muovere il tuo culone che finisci dentro tiro», «attento al braccio, lascialo dov'è», «no, no, fermo, non me ne fotte niente che la gamba ti fa un male boia», ci raccontammo il passato e il futuro, il giorno e la notte, nella disperata attesa di trovare una qualche via di fuga, mentre quello continuava a tirarci addosso e vedevo che spostava di continuo la sua posizione per metterci meglio a fuoco.

Alla fine, un carro armato iracheno, un vecchio T-62

che stava avanzando lentamente, ci arrivò addosso e, vedendo i segni disperati che gli facevo e le indicazioni che tentavo di fargli capire, s'interpose davanti al gippone e puntò il suo cannone verso il rialzo, tirando due colpi.

Mo e Lami si sganciarono come lepri in fuga, e ci rituffammo tra le macerie di quel rudere di casa. Ci abbracciammo, ma avevamo un'aria un po' stralunata, e non dicemmo più nemmeno una parola.

In quel rudere s'era rifugiata anche una piccola squadra di soldati iracheni, che pareva non avessero alcuna voglia di stare in battaglia e, soprattutto, non gliene fregava niente di noi tre disgraziati presi in quell'inferno, là, fuori. Però, con sorrisi larghi, con gesti esagerati di cortesia, quando ci videro rientrare ci offrirono una tazza del tè che stavano facendo bollire in un angolo. Lo bevemmo da un'unica ciotola di latta, a turno. Era caldo e molto dolce. Con Ettore e Lucio non abbiamo mai più parlato di quella storia, ma ce l'avevamo dentro di noi, e lo sapevamo.

Poi, anche caricammo su una jeep dei soldati un nostro collega, uno jugoslavo, che era stato colpito alla fronte, forse da quello stesso cecchino, e il colpo lo aveva preso da un lato ed era fuoriuscito dall'altro, ma non l'aveva ammazzato perché il tiro s'era avvitato per la forte distanza. Lui cercava di sorridere, pallido bianco; con la carta igienica presa dal borsone tamponavo alla meglio il sangue, che era rosso vivo e gli scivolava giù dal mento e sul petto. Lo portammo all'ospedale, e si è salvato; lo incontrai qualche giorno dopo, sempre a Khorramshahr, che un turbante di garza gli fasciava la testa. Ma è un'altra storia.

Il tempo passava lento anche a casa, quando ci tornai dalla broncopolmonite, e Marinella mi copriva come se fuori non ci fosse il caldo affettuoso della Florida e io stessi gelando. Ma Marinella ormai non voleva proprio saperne più, della mia scellerata passione per l'aria libera e il sole. Dovevo stare chiuso e ben protetto, e aspettare di ritrovare le forze per rientrare in Italia. Osservavo un po' assente, vivevo. Quando riuscivo ad andare ad affacciarmi al balcone, di fronte alla luce azzurra della baia, guardavo giù, la piscina, e per un attimo mi veniva una voglia disperata di tuffarmi nell'acqua; ma non tanto per nuotare, quanto per ritrovare l'adrenalina di quelle 55 vasche e sentirmi di nuovo nella pelle la felicità della mia energia mentale, il cervello che lotta di furore vitale, e vince anche la paura. Ma era un attimo, dovevo tornare in poltrona.

Il malato di tumore, preso dai propri guai, la testa un po' stravolta per la battaglia della sopravvivenza, passa i suoi giorni in una sorta di sospensione dove a contare è soltanto la continuità, perché soltanto quella segna la certezza di farcela. E non s'avvede però che, in realtà, il dolore se lo prende chi gli sta accanto. L'egoismo che marca il suo istinto vitale lo fa cieco sulle sofferenze che accompagnano i suoi giorni, mute, ad appena un passo da lui. Quando lo scopre, se mai lo scopre, è come una lama fredda che squarcia il cuore, perché allora lui finalmente s'avvede che, pur senza volerlo né capirlo, ha procurato un danno che ormai è irrecuperabile.

Il dolore dell'affetto consuma la vita, e non si torna indietro. E all'improvviso, in quei giorni d'attesa, mi si aprirono, dentro, tutti gli anni che io andavo in guerra a fare il mio lavoro e Marinella mi salutava sulla porta di casa con un sorriso, che era triste ma non voleva darlo a vedere; io partivo, lei si teneva il dolore per chi forse non tornerà. E a me non ha mai detto nulla, nemmeno ora che quel dolore lo avevo scoperto da un altro dolore.

Stavo a casa senza alcuna terapia, intanto, che era davvero una stranezza dopo il tumore. Lilenbaum – lo lessi poi nella cartella clinica – aveva previsto per me altri due cicli di chemio. Ma credo che le mie condizioni assai disastrate lo avessero convinto a lasciar perdere, meglio che me ne tornassi in Italia, e poi si sarebbe visto. Scrisse però una lettera al professor Scagliotti, suo amico oltre che collega, che guida un reparto d'eccellenza a Torino, l'oncologia polmonare del San Luigi: loro mi avrebbero assistito anche sulla base delle indicazioni di Lilenbaum. Comunque, ero talmente disastrato che da Torino volle volare a Miami un mio amico, Umberto Pichierri, che è medico, per assistermi in aereo in caso di serie difficoltà.

Io amo l'amicizia. La vita in guerra, anche quando non è nelle sue giornate più drammatiche, crea un forte legame tra coloro che ci stanno dentro. Non so se sia la consapevolezza del pericolo, o la tensione d'un lavoro sempre sul filo di una incertezza senza controllo alcuno, o il cameratismo di lunghi momenti vissuti insieme da adulti, come in uno sventato collegio dove recuperare senza volerlo gli anni della scuola e dell'adolescenza – ma l'affetto e l'amicizia diventano un collante molto solido, fino al punto da farci creare la squadra della Sas. Umberto, anche se in guerra non ci va e non vuole affatto andarci, ha comunque tutte le doti di quelli della Sas: generosità d'animo, spirito aperto, voglia di dialogo e del confronto, curiosità sul mondo e sugli uomini. E per questo suo spirito, s'imbarcò sull'aereo soltanto per soccorrermi, se mai ne avessi avuto bisogno.

Non ebbi bisogno. E ripresi la mia vita, trattato come una sorta di stupefatto eroe, quasi come quando tornavo da qualche guerra e tutti volevano saperne di più, sentire il rischio, i pericoli, e chi vince, e chi perde, e hai avuto paura, e il momento più brutto.

La mia reticenza, alla fine, attenuava la loro curiosità; e anche ora che la mia guerra l'avevo fatta contro il cancro, rovesciavo i ruoli ed ero io a dire che non bisogna cedere, che la realtà va guardata negli occhi, che guerra o tumore sono la stessa cosa, che devi averne paura ma anche devi saperci lottare per salvare la pelle. E che quello che conta, soprattutto, è la testa, la volontà da far sgusciare fuori dall'animo, la capacità di ricominciare senza darsi sconfitti e nuotare fino a 55 vasche o anche più. E le raccontavo, quelle mie vasche, una dietro l'altra, e la fatica dura e però anche la voglia di farcela, e che alla fine o io o lui, il cancro; allora mi guardavano come un marziano, ma vedevo anche che ci pensavano su, che gli occhi gli si aprivano, che scoprivano un impossibile che magari si fa possibile, se uno lo vuole. E mi sembrava il più gran regalo che potessi fargli per ringraziarli del loro affetto.

C'è stato uno di loro, in particolare, che me lo porto ancora dentro. Era la figura più ricca e più viva d'una piccola città, Crescentino, che è il paese di Marinella. Si chiamava Enzo, e lo chiamavano "Madur" non ho mai saputo perché; vestiva d'ogni colore, i più sgargianti, verde, rosso, viola, ciclamino, pop e hippie prima ancora che pop e hippie diventassero una moda, e amava la vita come un disperato; e questo suo amore lo autorizzava a far ciò che più gli piaceva, indifferente a ogni giudizio, amico di tutti, pronto ad aiutare tutti per una sua straordinaria abilità manuale. Era un agricoltore, uno della terra, ma era davvero l'anima di quel posto.

Quando gli diagnosticarono un tumore all'intestino, venne a trovarmi a casa, nel giardino, io e lui e le zanzare che ci tendevano agguati mortali; volle che gli raccontassi di nuovo la storia delle 55 vasche. Se la fece raccontare due volte, sempre con nuove domande, come se fosse lui, intanto, a nuotare e a pensarci su. Poi mi disse: «Tu sei studiato e *mi sun an bocc*, ma ci proverò lo stesso».

Bocc, mi spiegarono dopo, vuol dire "ignorante", ma lui sapeva bene che essere *bocc* non è un fatto di scuole marinate.

Al Madur i medici avevano dato tre mesi di vita, ha retto quattro anni. E quando c'incontravamo in paese, e lui era sempre gioviale, coloratissimo, allegro com'è chi ama la vita da disperato perché sa che la perde, mi guardava negli occhi e mi diceva sottovoce: «Tu hai fatto 55 vasche, e *mi sun an bocc*; ma ce la faccio anch'io».

Non ce l'ha fatta, però ha lottato; e al suo funerale c'era tutta Crescentino. Da quel giorno, in paese tutti hanno imparato che il tumore è come una biscia che trovi nei prati, che se ti va bene le schiacci anche la testa ma che, comunque, non ti deve far paura. La vita devi volertela guadagnare.

Tornai alla mia vita anch'io, il giornale, i viaggi per il mondo, le letture. Pure lo sport, ma ora era un'altra cosa: con un solo polmone, di strada non ne fai tanta; e nemmeno di vasche in piscina. Mi dava un dolore fisico non riuscirci più, come se mi avessero strappato un pezzo di me, un grosso pezzo di me. Ho fatto sempre sport, fin da ragazzo, fin da quando fare sport e vivere mi sembravano una cosa unica, che uno è anche l'altro. Trovarmene impedito, mi dava uno stupore dal quale non riesco ancora a riprendermi nemmeno oggi. Ma respiravo quel che potevo dell'aria, tra naso e bocca aperta a vincere la dispnea, e a tennis giocavo solo il doppio, mai il singolo, con Umberto a fondo campo, a faticare, e io sotto rete a palleggiare senza cadere stecchito d'asfissia.

Ma era tutta un'illusione. Non sapevo, non avevo capito, che, una volta che il cancro ti ha catturato, tu resti per sempre un suo prigioniero; un prigioniero che va libero, che gioca pure a tennis, e legge, e va a spasso, e va perfino in missione in guerra, ma prima o poi quel bastardo silente, muto, acquattato in qualche angolo del tuo corpo, può tirare a sé la catena che ti lega a lui. E allora ti ha riacchiappato, e ti si riapre la porta dell'inferno.

E quando questo accade, la vita che hai d'attorno ritrova all'improvviso un senso nuovo, è come se tutto ciò che hai o che stai facendo diventa più vero, più autentico; ti accorgi che dai per scontato un mondo di sensazioni, di fatti, di comportamenti, che non erano affatto scontati, e che, ora forse che li stai perdendo, sono straordinariamente importanti, che valgono attenzione, interesse, passione vera, apprezzamento come mai forse hai voluto dare.

A me accadde in un giorno come tanti, quando ormai erano passati dieci anni da Miami, e fu durante uno dei tanti controlli che dovevo fare periodicamente, la Tac o la Pet, con quelle loro macchine che ti inghiottono dentro un largo cilindro biancastro e tu ti senti come un povero Pinocchio perso nella pancia della balena e che non sa se ne uscirà vivo. Noi "sopravvissuti" ho ora imparato che quella catena davvero ce l'abbiamo al collo, e che ce la portiamo nella sala dove l'oncologo ci spedisce a fare il controllo: che prima è ogni tre mesi, poi ogni sei, poi ogni anno, e per dieci anni ancora, fino a che la statistica ci racconta che la catena è stata spezzata.

Ma anche la statistica commette errori, e un giorno – quel giorno lì, che i dieci anni erano passati, o comunque mancavano soltanto alcuni mesi – il referto della Pet mi disse che questa volta c'era qualcosa di poco chiaro, qualcosa che ancora non si capiva bene se fosse di nuovo quella bestia che tornava, o un altro accidenti, magari di poco conto.

Quando lessi quel foglio bianco, con quelle parole tecniche che si capiva e non si capiva ma un allarme comunque lo lanciavano, ebbi soltanto un piccolo strappo amaro dentro di me, più per la sorpresa, però, dopo dieci anni di quieta rassicurazione, che non per le cose ancora incerte che quella sorpresa mi stava comunicando. E mentre mettevo in tasca la busta, mi chiesi se io ancora avessi la forza di 55 vasche. Che non era, però, una storia di capacità fisica, o di resistenza, lo sapevo bene, ma soltanto quanta riserva di energia mentale riuscissi ancora ad avere dentro di me, quanta possibilità di trovare dentro l'animo quella rabbia controllata, quella difesa d'identità del mio io, quella voglia di essere più forte d'ogni male, d'ogni cattiveria, d'ogni disavventura, d'ogni ingiustizia soprattutto, quella che avevo tirato fuori dieci anni prima. E mi sentii di nuovo il mio Popeye che gonfia i muscoli e sbaraglia il mondo.

Sì, perché come Braccio di ferro che lottava contro la sopraffazione della forza bruta, io, calandomi nel fondo di me, vivevo il cancro come una sorta di rappresentazione simbolica della ingiustizia, il Male contro cui battersi, non tanto, o non solo, per una guarigione della salute fisica, quanto per quella dimensione etica, di un'affermazione del Bene, che papà mi aveva passato con il suo semplice stile di vita, le poche parole, gli esempi quotidiani, senza mai alcuna concessione retorica (negli anni Cinquanta, in un tempo molto difficile per chi non era conformista, lui, ex-maresciallo dei carabinieri, leggeva «Paese Sera», giornale vicino al Pci, anche senza essere, lui, un comunista. E fu su «Paese Sera» che arrivava in casa alle due del pomeriggio, quando papà usciva dal suo nuovo lavoro in comune e ce lo portava e noi ragazzi gli correvamo incontro, fu in quelle pagine che imparai, ancora piccolo, a leggere il primo supplemento sui libri, e vi imparai ad amare la lettura).

Dunque, si ricominciava. In tutti questi anni di ritorno dalla mia drammatica avventura in Florida, il giornale mi aveva dato un'attenzione discreta, recuperandomi nel lavoro, però con interventi di commento o di analisi delle crisi internazionali più che con viaggi in missioni di guerra. Ero tornato una volta in Medio Oriente, e poco altro; ma alla fine andai anche in Libia, a raccontare la guerra a Gheddafi.

Fu prima che scoprissi il nuovo tumore. Mi sentivo forte come sempre, che a correre e faticare ce la facevo ancora, anche quando rischiare la pelle è una scelta che non hai troppo tempo per pensarci. E furono di nuovo giorni durissimi, che non sai mai come finirà. A Misurata che era chiusa sotto assedio c'ero voluto andare anche contro le resistenze del direttore: «No, è troppo pericoloso» mi faceva dire lui al telefono satellitare dal capo degli Esteri, Claudio Gallo; e io gli rispondevo che le cose, uno le racconta soltanto se le vede.

Mi imbarcai su un battello da Bengasi, che costeggiò per ventiquattro ore e arrivò a Misurata che stavano bombardando il porto. La città era chiusa da ogni parte tranne che dal mare, faceva la fame, non c'era elettricità, e morivano come mosche intrappolate: cadeva un missile ogni paio di minuti, alla cieca, tanto per terrorizzare, e ammazzare. E ancora non so se erano colpi all'uranio impoverito.

Mi rifugiai nel piccolo ospedale sopravvissuto, perché lì c'era un generatore per ricaricare il mio computer e lì, comunque, c'erano le notizie dell'assedio. I feriti e i morti arrivavano a decine, che li operavano all'aperto, sotto una grande tenda bianca, e tagliavano e cucivano che se ne sentivano le urla. E a ogni ferito che moriva e a ogni morto che se lo portavano via, lo mettevano dentro una vecchia coperta gridando «Allah u-akhbar» e lo scaricavano sul cassone d'un furgoncino.

La prima notte la passai seduto a terra, nel sotterraneo del piccolo ospedale. Poi scoprii che il medico che guidava l'emergenza aveva studiato a Pisa, e lui mi presentò a un suo cugino, che aveva una villetta accanto all'ospedale e mi diede da dormire su un materasso steso per terra, nella sala di casa sua. Le cannonate cadevano giorno e notte, e l'ospedale e quella villetta erano sotto tiro allo stesso modo; ma su un materasso ti addormenti prima, e presto le cannonate non le senti più. Al mattino, prima che io andassi sulla linea del fronte, il cugino mi portava anche la colazione, con il tè e la marmellata; mi sembrava di stare in un film.

Dopo una settimana, decisi di ripartire. Avevo fatto il mio lavoro, avevo raccontato la vita e la morte, la disperazione, le case distrutte, la gente chiusa dentro ad aspettare sempre la prossima cannonata, ormai mi ero abituato anche io al missile che non sai mai dove va a cadere e, appena ne senti il fischio in aria, tu ti butti a terra e ti copri la testa con le braccia. E speri.

Quel mattino avevano annunciato l'arrivo di una piccola nave dell'Organizzazione internazionale dei migranti, doveva imbarcare alcune centinaia di lavoratori africani presi in trappola dall'assedio: quelli di Gheddafi che tiravano le cannonate l'avrebbero fatta partire per Bengasi. Tentai di imbarcarmi anch'io.

La notte, al porto, arrivò presto, e nel buio più cieco. Aspettavo, con una fila di uomini neri, che intravedevo appena, persi come me nel nulla. Ma la nave, attraccando, montò le fotocellule, e brutalmente diede la vita a una scena che sembrava una vecchia pellicola di De Mille, quelle con centinaia di comparse: nella notte, la lunga fila di disperati si muoveva lentamente sotto la luce, verso la nave, di là dal molo, in un silenzio irreale, ciascuno con i suoi documenti, i cartoni stretti da corde, i poveri stracci ammassati sulle spalle.

Dalla nave, intanto, erano scesi due fotoreporter, che arrivavano ora a raccontare l'assedio: erano un americano e un inglese. L'americano non lo conoscevo, si chiamava Chris Hondros, era basso, allegro, aveva l'elmetto e il giubbotto antiproiettile; con l'altro, l'inglese, c'eravamo incontrati cento volte nelle guerre del mondo, era Tim Hetherington, uno dei più famosi del suo giro. Tim era alto e magro, la faccia scavata, naturalmente elegante; arrivava – mi disse – «a fare un servizio per il "New York Times"».

Come me, non aveva né elmetto né giubbotto, ma soltanto una sahariana e un borsone. «Quanto è pericoloso?», mi chiese, diretto. Le cannonate tacevano, silenziate dal permesso concesso all'imbarco dei migranti, si sentiva solo lo stantuffo dei motori della nave; pareva una notte tranquilla.

Lo guardai, e scrollai la testa: «È pericoloso come sempre. Non di più. Solo che qui le cannonate non hanno un bersaglio, cadono che non sai mai dove vanno: e questo è brutto assai». Fece cenno di sì, che capiva, anche Chris. Ci guardammo ancora in silenzio, poi con Tim ci abbracciammo, «Buona fortuna». Si allontanarono nel buio, a cercare di arrivare in città.

Il pomeriggio successivo, mentre ancora navigavo verso Bengasi, ed era stata una brutta notte, a dormire per terra, in un angolo del ponte, nel vomito diffuso di quei poveracci, mi chiamarono dal giornale, al satellitare: «C'è la notizia che a Misurata hanno ammazzato un fotoreporter, una cannonata lo ha preso in pieno. Lo conoscevi? Si chiamava Hetherington».

Mi venne da piangere, per me, però, più che per Tim. Ma mi chiesero di scrivere un pezzo e tirai indietro le lacrime. Dettai a braccio, poche parole, che altro potevo dire. Mi sentivo vuoto. Che senso aveva, tutto questo. Quale senso.

Sono la vita e la morte. E io vivevo sereno, non sapevo ancora che, presto, il cancro avrebbe ripreso il suo dannato lavoro dentro di me.

13

Ne valeva la pena

Mi fecero una biopsia al polmone destro (il polmone sinistro era già perduto, ormai lo sappiamo). E il verdetto fu chiaro: il tumore c'era, di nuovo.

Può apparire forzato metterla giù dicendo che non ne fui particolarmente impressionato, ma io c'ero già passato, quella cosa lì l'avevo vissuta; e il tumore non poteva farmi paura. Io lo sapevo che si può lottare, e vincere.

Quello che uno ha vissuto è la sua storia, e nulla può cambiarla o cancellarla. E io dicevo a me stesso: ora la vedremo. Ma non con un esercizio di presunzione o, peggio, di arroganza, nient'affatto: avevo soltanto una sorta di curioso interesse a provarci, a misurarmi, e anche presto. Il tumore lo avrei affrontato senza angoscia, volevo stare sul terreno con lui: conoscevo già le terapie, le forme d'intervento, le pratiche mediche; eravamo, quanto meno, alla pari. E poi, io ho sempre cercato di avere una misura diretta delle cose, di viverle realmente, senza mediazioni, già fin da ragazzo.

Fu infatti sui vent'anni che volli il primo vero

confronto diretto con la realtà; non è che allora lo chiamassi con quel nome importante, "il confronto con la realtà", quasi che fosse un serio metodo di lavoro da seguire con applicazione, no, quello che io volevo era soltanto una esperienza da affrontare: avevo appena terminato il liceo, mi vivevo con la serena indifferenza del mio tempo giovanile, quando ancora non c'erano né Marcuse né lo *Strawberry Fields* laggiù, a Londra.

A quel tempo, all'inizio degli anni Sessanta, l'emigrazione era il passaggio obbligato di molti uomini del Sud, vecchi e giovani, per tentare di liberare dalla miseria la propria famiglia; partivano soprattutto verso la Germania, la Svizzera, il Belgio (altri tentavano le fabbriche del "triangolo industriale", nel nostro Paese), e partivano per un'avventura in qualche modo disperata, con null'altro che la coppola in testa e una misera valigia di cartone. Ne ero molto colpito: la mia città, Reggio Calabria, una città di reddito basso, povera, senza prospettive, era traversata da questa migrazione silenziosa – diffusa ma disorganica – e ne avvertivo la ricaduta nella vita quotidiana, il quartiere che perdeva abitanti, la gente che conoscevo e che non incontravo più.

Spinto dalle letture che avevo fatto nella piccola biblioteca dell'Usis, letture soprattutto della nascente sociologia americana, da Riesman a Wright Mills, decisi che, per capire, "dovevo" diventare un migrante anche io.

L'esperienza diretta, sul campo, mi parve la forma più efficace di conoscenza d'un fenomeno che, anche se marginalmente, coinvolgeva la mia vita, e comunque la mia storia, i miei progetti, l'ambiente dei miei giorni quotidiani. Dovevo partire anch'io per la Germania.

Mi informai alla stazione ferroviaria di piazza Garibaldi sul costo d'un biglietto di terza classe Reggio-Düsseldorf andata e ritorno (mi pare fosse 34.000 lire), mi feci dare quella somma dalla mamma, e montai sul treno. Ero poco più di un ragazzo, ma volevo essere anche io uno dei disgraziati che partivano con la miseria addosso e null'altro, e perciò non portai con me altro denaro, ma soltanto qualche pezzo di pane in valigia, due vasetti di marmellata, un maglione pesante, e una grammatica tedesca con il suo piccolo dizionario in appendice, pubblicato dalla Eri, l'editrice della Rai, parte d'una serie di trasmissioni che in quei pomeriggi Radio Rai dedicava alla diffusione delle lingue straniere.

Dopo un viaggio a suo modo avventuroso, certamente molto faticoso, sulla banchina di Düsseldorf dove arrivavano i treni dell'estero, io, timido, incerto, spintonato e travolto da una folla confusa di migranti ignoranti come me, vidi un piccolo tavolo sormontato da un grande cartello: mi colpì perché in una scritta in varie lingue notai le parole in italiano: «Benvenuti, lavoratori, noi vi aiutiamo». Mi avvicinai con un senso di sollievo, non ero perduto.

Un uomo anziano, ben in carne, gli occhiali, i capelli grigi, stava dando spiegazioni in italiano e in tedesco alla piccola folla che gli stava addosso: disse che rappresentava una organizzazione assistenziale cattolica, la Kolping Haus, che aiutava i migranti sperduti come me, come tutti noi. Fu cordiale, rassicurante, molto amichevole, forse era anche un prete; comunque, raccogliendoci un po' tutti, facce, storie e valigie di diverse nazionalità, ci imbarcò su un piccolo pullman, portandoci in un vecchio edificio: laggiù ci diedero la cena, e ci assegnarono un lettino in una lunga soffitta; nella mia sezione eravamo in venticinque, c'era anche un bagno comune e alcune docce. Mi addormentai felice, ora anche io ero un migrante.

Il giorno dopo mi spiegarono come presentarmi all'Arbeitsamt e cercar lavoro. Fui assunto in un'acciaieria in appena pochi giorni, la Germania aveva bisogno di braccia nelle sue fabbriche, ricostruite dopo la guerra e dopo i tanti morti nelle lande dell'Europa invasa dal Reich; lavoravo in un enorme capannone nero, una sorta di alta cattedrale di metallo, accanto a un altoforno, e facevo il manovale: dovevo pulire le macchine dalle scorie e spazzare il pavimento dalla polvere di ferro. Mi spiegarono, imparai presto; e mi applicai con l'energia dei miei vent'anni.

Nel mio settore non c'erano altri italiani, e i lavoratori tedeschi mi trattavano con una lieve curiosità mista a un'ombra di malanimo, ma mai vero astio: ero uno straniero, uno che non parla e non capisce, e per di più italiano, e loro che erano quasi tutti anziani, scampati alla guerra, ce l'avevano con l'Italia che aveva tradito la Germania. Non era facile dialogare, io stavo appena imparando il tedesco dal libro della Eri, ma in qualche modo, a gesti e parole, alla fine si riusciva a intenderci; e per quello che io capivo, questa storia del tradimento li indignava fino a darmi il ruolo del responsabile, del colpevole senza scuse.

Qualcuno mostrava disprezzo vero, e non voleva nemmeno parlarmi, ma i più si limitavano a tentennare la testa: ero un ragazzo, timido, impacciato, quasi muto, non v'erano grandi ragioni per avercela troppo con me.

Ma un giorno che mi scoprirono in un angolo, seminascosto da un tavolo di ferro, che leggevo la grammatica e che, dunque, ero uno studente e non un lavoratore, il loro atteggiamento verso di me cambiò completamente: l'ombra d'astio, e il disprezzo, si attenuarono, lasciando posto a una simpatia fatta di curiosità e di rispetto. Uno studente universitario era una figura molto rara, in quegli anni poveri del dopoguerra, un privilegiato, una élite; loro, operai, vedevano ora in me soltanto la differenza di classe, non più lo straniero, e ne subivano il peso.

Fu diverso fuori dalla fabbrica.

In città, un sabato sera andai in un locale dove si faceva musica, si beveva birra, e si ballava; e c'erano tante ragazze bionde, che mi sembrarono bellissime, da morirci d'emozione. Entrai timoroso, impacciato, le mani in tasca, perdendomi subito nel fumo e nella musica; ero un ragazzo del profondo Sud, al liceo non avevo nemmeno studiato in classe mista, c'eravamo solo maschietti, e in quei miei anni di adolescente le ragazze erano un miraggio impossibile, soprattutto ora queste ragazze che vedevo ridere libere, biondissime, truccate, che fumavano e bevevano. Mi guardavo d'intorno, stordito e affascinato.

A un nuovo giro di ballo, notai una ragazza con lunghi capelli biondi – per me bellissima – che chiacchierava con una sua amica, appoggiate al bancone. Sudando per l'emozione, mi feci forza e la invitai nella piccola pista; lei mi guardò, forse senza nemmeno vedermi, e mi disse di sì. E si appoggiò a me.

Mentre, ballando malamente, cercavo di spiegarle nel mio povero, poverissimo, tedesco, che ero uno studente italiano, e che volevo fare amicizia, mi si avvicinò un giovanotto di muscoli e di stazza. Mi appoggiò la mano sulla spalla, mi disse «*Nein. Nein*» anche con la testa, e mi invitò a uscire. Lo guardai non capendo nulla di tutto il resto delle parole che mi diceva, un po' per la musica troppo alta e un po' perché non sapevo come comportarmi. Ma andai con lui alla porta. Quando fummo lì, mi mostrò con la mano un cartello appeso all'esterno, bianco, con una grossa scritta in tedesco, e che però, entrando, io non avevo notato.

Lessi: «Vietato l'ingresso ai cani e agli italiani».

Anche se era in tedesco, non ebbi alcuna difficoltà a tradurlo: era chiarissimo, le parole – a cominciare da quel VERBOTEN scritto a lettere grandi – le conoscevo tutte. Lo lessi e lo rilessi, poi misi la testa giù e tornai alla mia soffitta.

Avevo imparato, e sono storie che non si dimenticano. Tornai a casa alla fine di settembre, per l'inizio delle lezioni all'università, e furono due mesi che mi fecero uomo: non vinsi la timidezza ma conobbi il mondo, le sue contraddizioni, le amarezze che ti tocca scontare senza colpe. E se mi avevano scacciato da un bar soltanto perché appartenevo a una storia che mi umiliava, ci furono però operai del mio settore che poi mi invitavano a casa loro, a cena, con sorrisi autentici: ero uno studente, riscattavo la mia identità di italiano. Non accettai mai, per rabbia, e per risentimento, ma imparai che essere tedesco, o italiano, è una storia individuale, e non l'ho più dimenticato.

Riesman o no, rientrai in Italia sapendo bene che con la realtà, comunque, e la sua complessità, e le sue contraddizioni, ci si deve misurare sempre, sottraendosi alla semplificazione del giudizio comodo; non me lo dicevo certamente con queste parole, a quel tempo, però avevo capito che così era.

E per questo, ora che s'era saputo del mio nuovo tumore, mi faceva rabbia vedere attorno a me lo schieramento compatto dei comportamenti obbligati, con le facce compunte dei miei amici che abbassavano gli occhi come per non infastidire, quasi che io fossi ormai in un territorio perduto: avevo un tumore, dunque ero già morto. Con insistenza formale mi chiedevano: come stai? come ti senti? Sorridevano di solidarietà e d'affetto, ma vedevo bene che era un sorriso freddo, fatto solo di parole.

Io gli rispondevo, anche allegro, che stavo bene. «Ho un tumore ma sto bene», e mi guardavano sconcertati, anche sorpresi, incerti su come reagire. Non è previsto che uno che ha il cancro dica quelle cose lì, non è serio, non è normale. E sbandavano.

Avevano dimenticato che dieci anni prima io avevo lottato e vinto. Certo, a vincere era stato Lilenbaum, e il suo *trial*, naturalmente, che gli aveva portato nuovo prestigio professionale. Ma anche io ci avevo messo del mio: quelle 55 vasche nuotate di rabbia e d'orgoglio erano state la manifestazione d'una volontà che s'impone, che prende piena coscienza di sé, e sceglie di avventurarsi senza timori in territori dove il rapporto tra corpo e mente, tra fisiologia e psicologia, è ancora uno spazio largamente inesplorato.

Richard Ford mi pare abbia scritto che si può essere felici pur non avendone consapevolezza: io ero felicemente consapevole, invece, che il cancro volevo sfidarlo davvero; non lo avevo voluto io, il cancro, ma ora che c'era, che era lì, dentro di me, a tentare di battermi trascinandomi all'inferno del nulla, io lo contrastavo, con le energie della mia mente, con la forza che mi dava una vita vissuta a pugni chiusi, dentro i giorni difficili di mondi difficili.

All'ennesima manifestazione di affetto compunto, e presuntamente partecipe, decisi che ne avevo basta: io il tumore certo che lo avevo, ma stavo bene, perbacco, e non volevo mortori attorno a me. Ero pronto a lottare, anzi ero pronto a vincere, e dunque che la smettessero, una buona volta (non lo dicevo a nessuno, naturalmente, però il mio atteggiamento qualche segnale lo mandava).

Decisi che quanto stavo vivendo era una buona occasione che mi si offriva come giornalista d'un qualche nome, per scrivere una sorta di manifesto pubblico, e dire a voce alta che il tumore non è la condanna a morte, ma una malattia – anche grave talvolta, e però, comunque, una malattia – e che dunque bisogna affrontarlo con le terapie adeguate ma, anche, con la volontà ferma, forte, decisa, di mettere in campo tutte le energie mentali che si hanno dentro, per contrastarlo su un terreno – la relazione tra mente e la biologia – dove ci sono spazi e narrazioni ancora inesplorati.

La volontà delle 55 vasche, mi dicevo, è una lezione preziosa: se ti pare che non ce le fai più, e stai annegando, se le braccia non vanno, e anche le gambe si fanno di piombo, e il respiro si strozza in gola, e pensi ora basta, e ti vuoi fermare, allora devi pensare che fermarti significa rinunciare alla potenza straordinaria che hai dentro di te. Devi continuare, invece; e continuare ti darà la forza per contare fino a 55, e anche più, se vuoi.

Ne parlai con il direttore del mio giornale, Mario Calabresi, giovane e molto sensibile, e gli inviai una sorta di racconto biografico, distaccato, una cronaca di puri fatti, senza alcuna connotazione retorica e però fortemente motivato. L'avventura delle 55 vasche era una mia storia, e mia restava, ma sentivo che era giusto, e importante, farla diventare una storia pubblica, darle la capacità di penetrare nella pelle dei pregiudizi, e dei tabù, per scardinarne la resistenza e mobilitare risorse mentali accantonate o ignorate.

Proprio in quei giorni Mario era a colazione con il professor Umberto Veronesi, il celebre oncologo, e parlando con lui delle mie 55 vasche ne ebbe la conferma che l'oncologia si sta avvicinando – con cautela, ma anche con un interesse ormai manifesto – alla esplorazione d'un terreno dove il supporto della volontà del malato viene valutato con sempre maggior attenzione, come un elemento davvero prezioso, ancora ampiamente da sviluppare nella sua complessa potenzialità.

Il mio racconto fu pubblicato dal giornale in prima pagina, con l'evidenza grafica d'un editoriale. E apparve, poi, anche in Facebook. Ci furono 40.000 contatti, di forte simpatia, ma soprattutto ebbi centinaia e centinaia di messaggi sms, e di telefonate, che raccontavano l'interesse per questo nuovo percorso su cui immaginare una dimensione ancora largamente ignota della lotta al tumore. Avevo raggiunto il mio obiettivo: del tumore si parla sempre più e non se ne tace quasi con vergogna, lo si chiama con il suo nome abbattendo il pavido esorcismo del "brutto male", si diffonde il convincimento che un sentimento laico verso la malattia aiuta a utilizzare risorse sicuramente utili per la terapia medica.

Intanto, in quegli stessi giorni, il mio secondo tumore lo attaccarono, e il professor Ricardi lo sterminò con la radioterapia stereotassica. Era piccolo, una massa di meno di due centimetri che, però, cresceva brutalmente, ma fu stroncata in poche sessioni; e fu come io volevo, un confronto rapido, e uno che vince e uno che perde.

Solo che, in realtà, la partita non si chiude mai, e alla fine non ci sono i vinti né i vincitori; il tumore, infatti, una volta che l'hai avuto, ce l'avrai per sempre dentro di te, anche quando lo hai cancellato, anche quando ti sembra che finalmente tu abbia riacquistato la tua libertà. Invece no, quella catena al collo te la porterai fino alla morte; lui, le sue cellule letali, la sua massa nascente, se ne staranno lì, come una minaccia silenziosa, latente, che può attivarsi in qualsiasi momento. Però tu sai che lo hai battuto, e che potrai batterlo ancora; e non ti fa più paura.

Quando tornai a casa dopo l'ultima sessione di stereotassica, e mi avevano detto che ora "lui" non c'era più, Marinella mi abbracciò: «È finita, siamo sereni finalmente».

Le sorrisi, come quando partivo per andare in guerra; dalla guerra, invece, questa volta ne tornavo, e però ero nella stessa condizione psicologica di allora. Ogni volta che partivo con la mia sacca, e dicevo ciao vado via, facevo in modo da lasciare tutto in ordine, a casa: le bollette pagate, libri e vestiti in ordine, nessun conto sospeso, i fornitori saldati. Sarei tornato certamente, ma, anche, sarei potuto non tornare; e allora dovevo fare ogni possibile sforzo perché la mia partenza non lasciasse a Marinella nulla che non fosse previsto. Ora, allo stesso modo, tutto era stato messo in ordine: magari il cancro poteva tornare ad attaccarmi e farmi fuori, ma io avevo approntato ogni condizione per poterlo affrontare con serena consapevolezza, i controlli, la conoscenza della terapia, la vigilanza sui primi segnali possibili, la forza della mia energia mentale. Era tutto ciò che potevo fare per Marinella.

Quando andavo in guerra, l'Afghanistan come l'Iraq, la Somalia come il Congo, non mi chiedevo mai se quel mio lavoro meritasse il rischio che mi assumevo. Lo facevo comunque, convinto però che narrare la vita e la morte degli uomini, le loro sofferenze, la disperazione senza futuro, le macerie, i pianti senza lacrime, le sopraffazioni del potere, tutto questo avesse una sua sufficiente retribuzione per i miei rischi nella possibilità concreta che mi veniva data di esserne testimone, di poter raccontare storie e fatti che denunciavano come unica realtà della guerra la perdita della dignità umana e la brutalità della violenza. Questo pensiero mi ha accompagnato sempre, e il più importante premio giornalistico che io abbia avuto, quello al quale tengo più d'ogni altro, lo ricevetti un giorno ch'ero appena tornato da qualche guerra ed ero passato al giornale a ritirare la posta arretrata di tutti quei giorni: tra le buste e i messaggi d'ogni tipo, c'era un grosso plico giallo; lo aprii subito, curioso, vidi un messaggio a penna, e un libro.

La lettera, firmata da una signora di cui non ricordo il nome, diceva qualcosa come: «La prego di accettare in dono questo libro. Da ciò che lei scrive, lei non è credente; ma quello che lei scrive ha una ricchezza di umanità e un sentimento profondo del bene che lo rendono prezioso. Legga questo libro, sono certa che comunque l'aiuterà».

Aprii la busta, il volume era il Vangelo. Mi sentii orgoglioso come forse non mai nella mia vita.

Una volta soltanto ho ripensato davvero alla scelta del mio lavoro, e fu quel giorno lontano di quando, a Miami, al Mount Sinai, seppi che nelle cellule del mio corpo avevano trovato tracce dei metalli polverizzati dall'esplosione dei proiettili. Quasi me ne facevano morire, perché? Ne era valsa la pena?

Fu solo un attimo, l'ombra vaga d'un pensiero che subito si perde nel nulla. Perché, certo che ne era valsa la pena, eccome: avevo vissuto avventure straordinarie, conosciuto uomini e donne che avevano impreziosito i miei sentimenti, ero stato dentro storie che avevano cambiato la faccia del mondo, avevo potuto testimoniare a ogni latitudine la lotta quotidiana per la giustizia e i tentativi di soffocarla, mi ero sentito parte d'un mondo dove il desiderio di libertà e di dignità si faceva difficile storia quotidiana, spesso con un prezzo alto da pagare, e in Spagna, in Sud America, in Africa, mi ero fatto io stesso parte orgogliosa di quella storia, avevo anche vissuto fuori dal circuito del tempo con gli indios dell'Amazzonia e con gli uros del Titicaca, e avevo anche trovato un mio figlio nel fondo delle foreste del Congo.

Mille vite non avranno mai quello che io ho vissuto.

Alla fine, so che il tempo cancella la memoria, e so che le storie degli uomini passano via. Ma quella scintilla vitale, quell'energia rinvenuta in un giorno difficile a Miami contando le vasche d'una piscina, restano il segno fuori dal tempo che la forza che abbiamo dentro di noi è una risorsa straordinaria per il contrasto alla minaccia potente della morte. Il futuro lo confermerà.

Ringraziamenti

Ringrazio Marinella, per tutto quello che è scritto in queste pagine, e molto più.

Ringrazio il mio editor, Lydia Salerno, che questo libro ha voluto, e lo ha seguito con l'attenzione che soltanto l'autore potrebbe avere.

Ringrazio dell'amicizia, dell'affetto, dell'aiuto, i tanti miei compagni che hanno vissuto questi anni con me in molti degli episodi qui raccontati, e soprattutto Guido Barendson, Toni Capuozzo, Vittorio dell'Uva, Antonio Ferrari, Luciano Gulli, Ettore Mo, Claudio Monici, Alberto Negri, Giovanni Porzio, Carlo Rossella, Graziano Sarchielli, Gabriella Simoni, Ugo Tramballi.

Indice

1.	La matita del dottor Levi	7
2.	Zero virgola zero	23
3.	Lo scatto del tedoforo	37
4.	La mia linea d'ombra	51
5.	Una macchia di urucum	69
6.	La squadra dei lupi solitari	87
7.	Le neuroscienze in piscina	103
8.	Ciò che si è vissuto	123
9.	Senza morfina	141
10.	I fantasmi del Mount Sinai	159
11.	L'assassino che non fa rumore	175
12.	Non è mai finita	195
13.	Ne valeva la pena	213

Ringraziamenti 227

Finito di stampare nel mese di gennaio 2016
presso Grafica Veneta, Trebaseleghe (Padova)
Printed in Italy